Elaboração de projetos

da introdução à conclusão

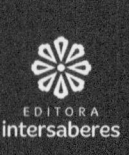

O selo DIALÓGICA da Editora InterSaberes faz referência às publicações que privilegiam uma linguagem na qual o autor dialoga com o leitor por meio de recursos textuais e visuais, o que torna o conteúdo muito mais dinâmico. São livros que criam um ambiente de interação com o leitor – seu universo cultural, social e de elaboração de conhecimentos –, possibilitando um real processo de interlocução para que a comunicação se efetive.

DIALÓGICA

EDITORA intersaberes

Maria Alice Soares Consalter

Elaboração de projetos:

da introdução à conclusão

Com ênfase
em projetos de
financiamento

**EDITORA
intersaberes**

Rua Clara Vendramin, 58 . Mossunguê
CEP 81200-170 . Curitiba . PR . Brasil
Fone: (41) 2106-4170
www.intersaberes.com
editora@editoraintersaberes.com.br

Conselho editorial
Dr. Ivo José Both (presidente)
Dr.ª Elena Godoy
Dr. Nelson Luís Dias
Dr. Neri dos Santos
Dr. Ulf Gregor Baranow

Editora-chefe
Lindsay Azambuja

Supervisora editorial
Ariadne Nunes Wenger

Analista editorial
Ariel Martins

Preparação de originais
Tiago Marinaska

Copidesque
Sandra Regina Klippel

Capa
Denis Kaio Tanaami

Projeto gráfico
Bruno Palma e Silva
Jhonny Isac

Dados Internacionais de Catalogação na Publicação (CIP)
(Câmara Brasileira do Livro, SP, Brasil)

Consalter, Maria Alice Soares
    Elaboração de projetos: da introdução à conclusão/
Maria Alice Soares Consalter. Curitiba: InterSaberes, 2012.

    Bibliografia.
    ISBN 978-85-8212-287-7

    1. Administração de projetos I. Título.

12-09157   CDD-658.404

Índices para catálogo sistemático:
1. Gestão de projetos: Administração de empresas 658.404
2. Projetos: Gestão: Administração de empresas 658.404

1ª edição, 2012.
Foi feito o depósito legal.

Informamos que é de inteira responsabilidade da autora a emissão de conceitos.

Nenhuma parte desta publicação poderá ser reproduzida por qualquer meio
ou forma sem a prévia autorização da Editora InterSaberes.

A violação dos direitos autorais é crime estabelecido na Lei n. 9.610/1998
e punido pelo art. 184 do Código Penal.

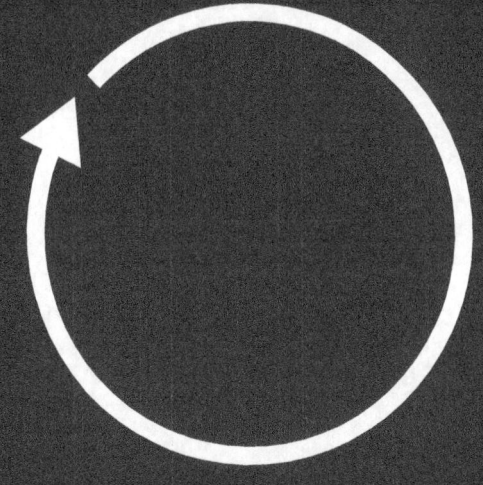

Sumário

Apresentação p. 13

capítulo 1 **Planejamento, projeto e viabilidades** p. 17

capítulo 2 **Estrutura do projeto de investimento** p. 65

capítulo 3 **Dimensionamento, horizonte de planejamento e riscos do projeto de investimento** p. 139

Para concluir... p. 159

Referências p. 163

Sobre a autora p. 173

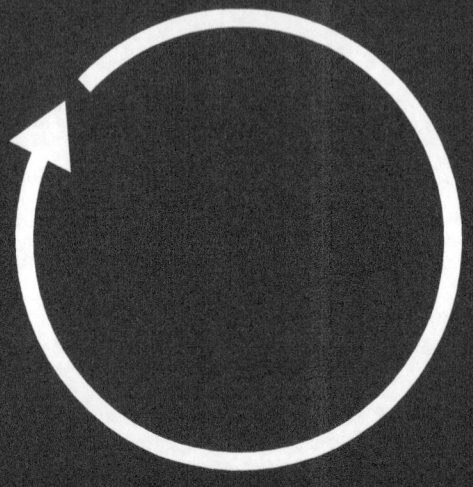

Dedicatória

À minha mãe, Maria Figueiredo Soares, pela coragem e pela força com que me criou e que, *in memoriam*, continua comigo para sempre.

Para Luiz Soares, Luiz Antônio F. Soares e Joana Myrian F. Soares (*in memoriam*).

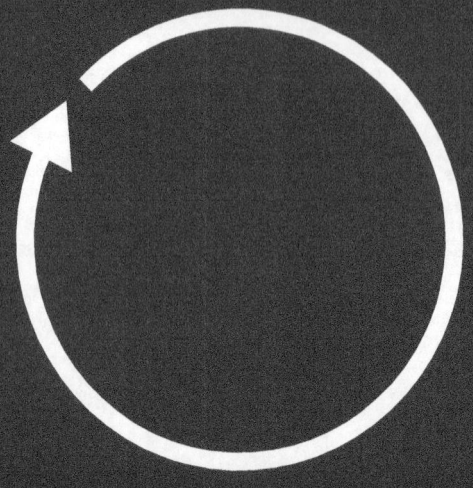

Agradecimentos

Às minhas irmãs, Carmo e Graça, e ao meu irmão, Luiz Carlos, pelo incentivo.

A Álvaro, Álvaro Luiz, Natacha e Valentina, meus amores.

A Osmar Dias, meu mestre em Agronomia.

A Tiago Krelling Marinaska, pelas contribuições editoriais para a obra.

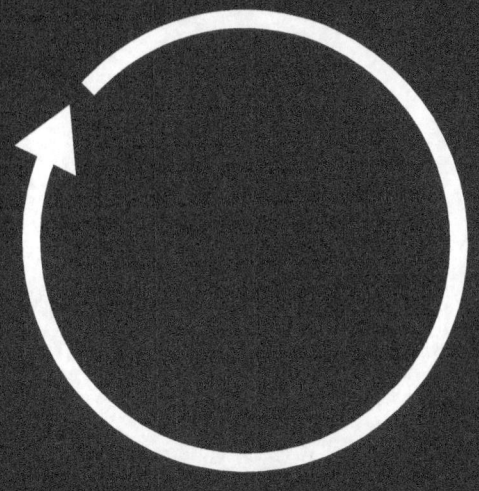

Apresentação

"Dai-me Senhor coragem e força para que possa mostrar-me digno de haver sido criado a Vossa imagem."
(Gibran Khalil Gibran, 1965)

A administração por projetos surgiu da necessidade de novos paradigmas administrativos por parte das organizações atuais. Embora não seja uma tarefa simples, a administração por projetos é considerada, juntamente com o gerenciamento estratégico, um instrumento de gestão empresarial para o século XXI, constituindo-se como uma nova área de conhecimento com o potencial de ampliar a capacidade das organizações de enfrentar os desafios da globalização e as intensas mudanças no cenário empresarial contemporâneo.

Este livro apresenta os princípios fundamentais das etapas de elaboração de projetos, cuja metodologia é retratada de forma abrangente e didática, para podermos fornecer respostas às dúvidas mais recorrentes na execução de um projeto.

A obra não é um "livro de receita", mas, sim, uma ferramenta para resolver um problema que a maioria dos gerentes e executivos enfrenta diariamente: **como elaborar um projeto de investimento**.

Não existem regras fixas para a elaboração de projetos, pois cada um possui características únicas. Por isso, é consenso entre os autores que tratam do assunto que só se aprende a elaborar e avaliar um projeto na prática e com o tempo. Isso se deve não só à complexidade do projeto em si, mas à impossibilidade de se estabelecer regras gerais que permitam sua aplicação imediata, pois cada projeto é habitualmente uma situação nova.

O primeiro capítulo permite **observar o projeto no contexto do processo de planejamento**, pois o sucesso de qualquer empreendimento começa pela definição clara dos objetivos que se quer alcançar. Essa parte da obra aborda os diversos tipos de projetos, suas finalidades e viabilidades. Estas permitem ao elaborador de projetos identificar as oportunidades de investimentos que sejam mais convenientes e também contribuam para evitar investimentos antieconômicos ou maldimensionados. Este capítulo contextualiza o projeto em seu ambiente externo e interno.

O segundo capítulo mostra **as relações entre os componentes de um projeto e a interdependência destes,** haja vista que um projeto deve ser visto e tratado como um processo contínuo de aproximações sucessivas, condicionadas e condicionantes entre si. Esse capítulo também apresenta a estrutura mínima que um projeto deve possuir e, em virtude dessa abordagem, cada componente é analisado separadamente para depois obtermos o todo, que nada mais é que o próprio projeto. Essa separação só se justifica didaticamente, posto que as etapas e os componentes tendem a se inter-relacionar, devendo ser ponderados para que o projeto seja considerado viável ou não. Esse capítulo analisa também o grau de esforço que deve ser alocado em cada etapa da elaboração.

O terceiro capítulo trata do **dimensionamento de um projeto de investimento e/ou financiamento e do tempo estimado para a duração de um empreendimento,** isto é, do horizonte de planejamento, um dos primeiros problemas a serem analisados na criação de um projeto. Além disso, focaliza alguns riscos referentes ao projeto e a gestão integrada destes, pois a identificação, a análise e o gerenciamento desses fatores podem evitar investimentos desnecessários.

Em suma, pretendemos disponibilizar nesta obra uma estrutura lógica para a elaboração de um projeto que permita uma visão coerente das etapas e dos principais fatores de um projeto de investimento.

Planejamento, projeto e viabilidades

"Comece fazendo [planejando] o que é necessário, depois o que é possível e de repente você estará fazendo [planejando] o que é impossível."

São Francisco de Assis

*E*ste capítulo tem como objetivo principal dar a você a visão do projeto no contexto do processo de planejamento, que, por sua vez, tem por função definir com precisão os objetivos do referido plano, razão que torna o ato de planejar um fator imprescindível para o sucesso de qualquer empreendimento. Abordaremos, ainda, os diversos tipos de projetos, bem como as finalidades e viabilidades destes. A questão da viabilidade do projeto receberá especial atenção, pois é esse fator que permite ao elaborador de projetos identificar as oportunidades de investimentos mais convenientes e evitar investimentos antieconômicos ou maldimensionados. Também contextualizaremos neste capítulo o projeto em seu ambiente externo e interno.

1.1 Conceito de planejamento

Planejar é requisito primário, o mais elementar da administração. Como uma atividade administrativa, o planejamento consiste em um modelo teórico que determina as ações a serem desenvolvidas, procurando antecipar o que deve ser feito no futuro. Em outras palavras, **o planejamento consiste na ordenação sistemática da conduta para a consecução de determinados propósitos**.

> Planejamento não é previsão, mas, sim, uma relação entre as atividades a serem executadas e o tempo disponível para tanto. É uma atividade sistêmica e interativa, pois envolve todos os componentes da empresa (humanos, materiais e financeiros) em etapas sucessivas, permitindo uma **coordenação mais racional e eficaz das atividades gerais de uma organização** e possibilitando a introdução de mudanças e inovações.

De acordo com Robbins (2000, p. 116), **planejamento** compreende a definição das metas de uma organização, o estabelecimento de uma estratégia global para alcançá-las e o desenvolvimento de uma hierarquia de planos abrangente para integrar e coordenar atividades. O termo conceituado pelo autor diz respeito, portanto, aos fins (o que será feito) e aos meios (como será feito).

Seguindo essa linha de raciocínio, você pode observar que a função de planejar está relacionada aos mecanismos de controle de planejamento, cuja função consiste em verificar se o que foi planejado está sendo executado de fato. O planejamento, a monitoração e o controle adequados podem gerar economia de tempo em longo prazo, bem como evitar erros ou acontecimentos não planejados que possam surgir durante a elaboração de um projeto. Portanto, podemos afirmar que o **planejamento é um processo sistemático que tem por diretriz integrar as partes constituintes do projeto, tais como recursos, tempo etc.** Veja as características desse processo de uma forma mais detalhada na seção a seguir.

1.2 Características essenciais do processo de planejamento

De acordo com o conteúdo exposto anteriormente, você já pode perceber que o processo de planejamento é a parte principal dos processos de gerenciamento de projetos. É durante essa fase que são definidas as entregas do projeto, a declaração do escopo, o orçamento e o cronograma físico, que, por sua vez, contém as atividades, as habilidades e os recursos necessários para a realização das tarefas do projeto.

O planejamento se torna imprescindível na medida em que este define os recursos, a duração (tempo) e a qualidade do projeto, três variáveis críticas de desempenho de qualquer empreendimento.

Para que a exatidão do orçamento do projeto seja maior, você deve conceber um planejamento eficiente para determinar o **nível de recursos** que serão necessários, podendo, dessa forma, avaliar com maior precisão a alocação do trabalho, bem como monitorar o progresso e angariar condições para avaliar o impacto de qualquer mudança no projeto. No entanto, nenhum projeto trabalha com previsões orçamentárias exatas, mas com estimativas de custos, cuja precisão depende do **tempo investido** no planejamento. Quanto à **qualidade**, o conjunto das características de um produto ou serviço concebido em um projeto deve ser planejado com base na análise das especificações funcionais e técnicas. Em outras palavras, o produto/serviço deve estar em conformidade com suas especificações e a qualidade planejada deve coincidir com a qualidade real.

As características essenciais do processo de planejamento de projetos, segundo Robbins (2000, p. 127), são as seguintes:

a) *definição dos objetivos propostos;*
b) *identificação das atividades e recursos necessários para realizá-las;*
c) *estabelecimento das relações sequenciais para as atividades;*
d) *cálculo das estimativas de tempo para as atividades;*
e) *determinação do prazo de conclusão do projeto;*
f) *comparação dos objetivos programados do projeto; e*
g) *determinação dos recursos necessários ao cumprimento dos objetivos.*

Para que você possa compreender melhor essas características, vamos esmiuçar cada uma das características citadas anteriormente:

- o processo de planejamento começa pela definição clara dos objetivos do projeto;
- todas as atividades envolvidas no projeto e os recursos necessários para realizá-las devem ser identificados, ou seja, é preciso determinar quais os trabalhos e materiais são necessários para que o projeto seja concluído;
- uma vez identificadas as atividades, sua relação sequencial precisa ser determinada; antes que outras atividades sejam iniciadas, o gerente de projetos deve identificar quais atividades devem ser completadas e quais podem ser empreendidas simultaneamente, podendo planejar a fase de utilização de diagramas de fluxo;
- feita essa identificação, o gerente deve realizar o cálculo das estimativas de tempo para as atividades e a sua programação;
- utilizando-se dessas estimativas, o gerente desenvolve o cronograma geral do projeto e fixa a data de conclusão;
- o cronograma do projeto é comparado com os objetivos e são feitos os ajustes necessários;
- os recursos são estimados e colocados em um cronograma financeiro.

O **processo de planejamento** só se integraliza, isto é, torna-se completo, quando for totalmente executado e quando sua continuidade for assegurada por meio da avaliação e do controle.

A **avaliação de um projeto** pode ser feita por meio de um estudo de viabilidade, no qual serão analisadas a exequibilidade, as formas de alcançar objetivos, as opções de estratégia e a metodologia. É com base nesses itens que o gerente de projetos poderá projetar os possíveis resultados e riscos e as prováveis consequências de cada ação.

O **processo de controle**, por sua vez, é também chamado de *monitoramento*. Seu principal objetivo é disponibilizar informações sobre as diversas etapas do projeto, tendo por finalidade **assegurar que os objetivos propostos sejam alcançados**. Controle é uma função administrativa essencial do sistema de planejamento, que envolve o processo de monitoramento das atividades para determinar se os resultados, em termos de desempenho técnico, de tempo e de custos projetados, estão sendo atingidos.

Um sistema de avaliação e controle eficaz permite estabelecer padrões, observar e comparar desempenhos e empreender ações corretivas se necessário. Os elementos que devem ser avaliados e monitorados nesse sistema são:

- escopo do projeto;
- especificações do produto e/ou serviço;
- cálculo de custo;
- projeções financeiras, que consistem no provisionamento de fundos e outros padrões de desempenho derivados do projeto.

Para demonstrar as afirmações anteriores de forma esquemática, temos a Figura 1.1 a seguir, que demonstra as principais decisões e tarefas do planejamento de um projeto:

Figura 1.1 – Decisões e tarefas referentes ao planejamento do projeto

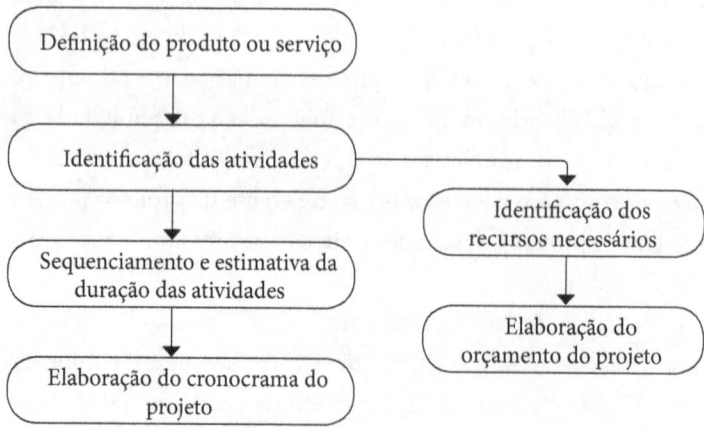

Após a identificação do produto ou do serviço, é necessário preparar a lista de atividades, sequenciá-las e colocá-las em um organograma. Realizada essa tarefa, o gerente do projeto define os recursos necessários para assegurar a realização das atividades e elaborar o orçamento, que é a estimativa dos custos do projeto.

Em resumo, na medida em que o projeto é parte do processo decisório das organizações, seja em virtude da ideia de investimento até sua consecução, seja porque atua como realimentador do processo de planejamento em suas diversas fases, aquele se torna parte integrante do processo de planejamento.

1.3 Processo de planejamento: criação do programa

O processo de planejamento é uma atividade permanente e contínua. Portanto, você deve ter consciência de que ele não termina com a elaboração e a operacionalização do projeto. Esse processo deve ser visto e abordado de forma sistêmica, isto é, como algo que interage constantemente com o meio ambiente. Em virtude disso, o elaborador de projetos deve contar com um método que tenha como característica principal a **compreensão da complexidade das diversas interações entre as etapas do projeto**. O processo de planejamento pode ser mais importante do que os planos e os projetos que dele surgem e requer que os gerentes destinem tempo para refletir sobre o que já ocorreu, o que está ocorrendo e o que pode ocorrer durante sua operacionalização.

Como você já deve ter percebido, a expressão física ou o documento resultante do processo de planejamento é denominada de *projeto*, que, por sua vez, também pode ser chamado de *plano* ou *programa*. Segundo o PMI (2000), **programa**[1] seria um grupo de projetos gerenciados de forma coordenada, sendo organicamente combinado para cumprir uma missão holística.

> CONEXÕES COM A PRÁTICA
>
> Você encontra um exemplo interessante do uso do termo *plano*, agregando em seu bojo os vários projetos de investimentos, no *Plano Estratégico Petrobras 2020*. O primeiro quadro é intitulado "Plano de Negócios 2010-2014".
>
> Na página 8 do referido documento, você pode observar um dos vários relatórios desse audacioso projeto, intitulado "Plano de Negócios 2010-14: US$ 224 bilhões – elevação dos investimentos para crescente integração das atividades":

---

1 A palavra *programa* é utilizada como sinônimo de *projeto* principalmente quando este é de grande porte, embora o mais usual seja considerar o projeto como uma divisão do programa. A terminologia da divisão do programa pode variar, mas o importante é que haja uma discussão clara e consistente dos termos entre todos os envolvidos e que cada organização dê significado específico para os conceitos de programa e projeto.

Maria Alice Soares Consalter

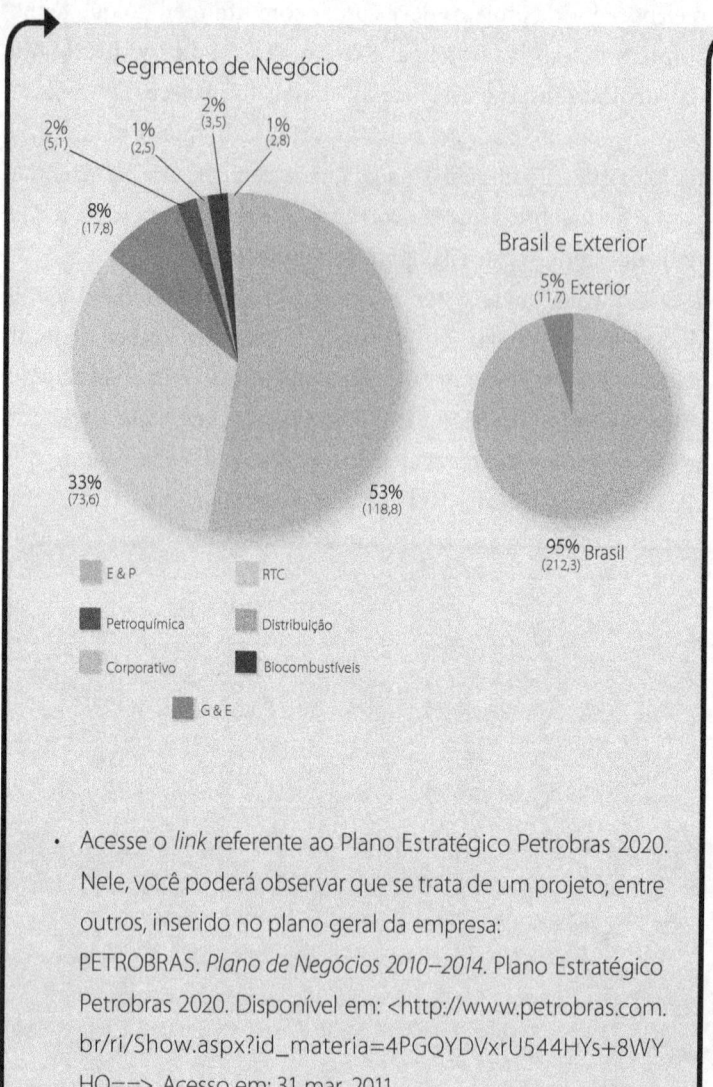

- Acesse o *link* referente ao Plano Estratégico Petrobras 2020. Nele, você poderá observar que se trata de um projeto, entre outros, inserido no plano geral da empresa:
PETROBRAS. *Plano de Negócios 2010–2014*. Plano Estratégico Petrobras 2020. Disponível em: <http://www.petrobras.com.br/ri/Show.aspx?id_materia=4PGQYDVxrU544HYs+8WYHQ==>. Acesso em: 31 mar. 2011.

Os projetos de um programa podem caminhar em paralelo ou em sequência, pois há programas que abrangem, além de projetos, inúmeras atividades funcionais. Os programas também podem envolver tarefas repetitivas ou cíclicas. Na publicação de um jornal, por exemplo, o periódico propriamente dito consiste em um esforço continuado, mas a geração de cada exemplar individual é um projeto.

Um programa pode ser dividido em projetos que, a seu turno, subdividem-se em subprojetos, como você pode observar na Figura 1.2 a seguir:

Figura 1.2 – Divisão de um programa

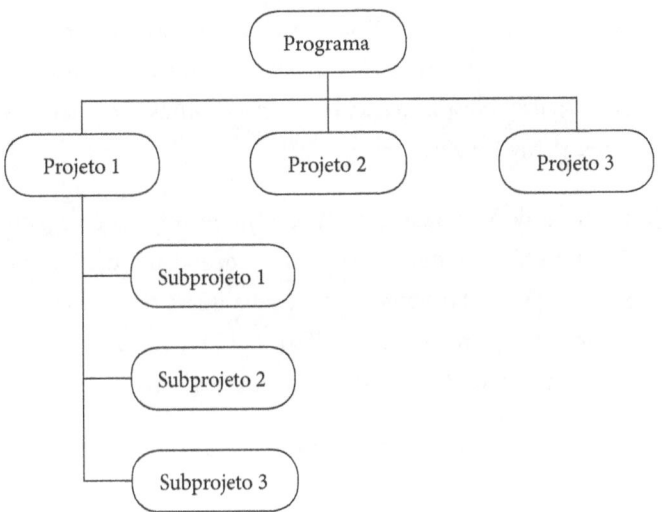

O programa deve gerenciar o grupo de projetos e subprojetos de forma coordenada, pois, se você elaborar os projetos e subprojetos isoladamente, não obterá os benefícios e tampouco cumprirá os objetivos propostos.

1.4 O projeto no processo de planejamento

Como afirmamos anteriormente, todo projeto consiste em um documento que traduz um processo de planejamento. Por isso, ele deve apresentar **exequibilidade técnica, viabilidade econômica, conveniência social e aceitação política**. Sua realização envolve o desenvolvimento de um plano principal, contemplando um sistema de informações confiável, um planejamento inicial integrado do ciclo de vida do projeto, bem como a evolução, o incremento e a implantação de um sistema de avaliação e de controle eficiente.

O termo *projeto* é definido por Woiler e Mathias (1994, p. 27) como:

> o conjunto de informações internas e/ou externas à empresa, coletadas e processadas com o objetivo de analisar-se e eventualmente implantar-se uma decisão de investimento. Nestas condições, o projeto não se confunde com as informações, pois ele é entendido como sendo um modelo que, incorporando informações qualitativas e quantitativas, procura simular a decisão de investir e suas implicações.

Já na visão de Valeriano (2001, p. 22), um projeto é organizado com um objetivo "que consiste em executar um conjunto de ações que devem estar voltadas para uma única resultante que é o produto do projeto". O autor (2001, p. 22) ainda afirma que **a redação do objetivo deve conter os seguintes itens:**

1. *a ação* – definida por um verbo no infinitivo, iniciando a declaração do objetivo: projetar, desenvolver, construir, transformar, modernizar, ensaiar, levantar, determinar, obter, transportar etc.;
2. *o objeto* – sobre o qual a ação se exerce e/ou da qual ele resulta: uma ponte, um dispositivo, um processo administrativo ou operacional, um treinamento, uma simulação, um software etc.;

3. **requisitos, restrições ou condições complementares** – *de desempenho, de tempo, de local, de qualidade, de quantidade, de áreas de aplicação etc.* [grifo nosso]

CONEXÕES COM A PRÁTICA

Se você acessar o *site* da Petrobras[2] ao qual nos referimos na conexão anterior, irá observar que, ao montar o infográfico para a apresentação do **projeto de investimentos em tecnologia** (demonstrado na página 30 do referido plano), a empresa contempla os requisitos da redação dos objetivos de um projeto conforme exposto anteriormente. Nele você encontra:

Sustentabilidade

- Gereciamento de água e efluentes.
- Gerenciamento de CO_2 e outras emissões.
- Eficiência energética.

Agregação de valor e diversificação dos produtos

- Inovação em combustíveis, lubrificantes e produtos especiais.
- Petroquímica.
- Gasquímica.
- Biocombustíveis.
- Energia de outras fontes renováveis.

Expansão dos limites

- Exploração de novas fronteiras.
- Maximização da recuperação de petróleo.

---

2 Disponível em: <http://www.petrobras.com.br/ri/Show.aspx?id_materia=4PGQYD VxrU544HYs+8WYHQ==>. Acesso em: 31 mar. 2011.

- Desenvolvimento da produção, das operações e da logística do pré-sal.
- Desenvolvimento de nova geração de ssittemas marítimos e submarinos de produção.
- Caraterização da rocha e dos fluidos do Pré-sal e de outros reservatórios complexos.

Você há de concordar que tanto esses planos como os demais irão requerer subprojetos interligados entre si, bem como planejamento estratégico, tático e operacional.

O projeto fornece os elementos necessários para a montagem da estrutura funcional do sistema de programação, que pode ser definido como um conjunto de decisões ou ordens de trabalho com a finalidade de estabelecer quais etapas devem ser realizadas durante a elaboração do referido plano, estabelecendo o papel de cada etapa, as relações entre elas, além de identificar os componentes e o sentido do fluxo do processo de planejamento. Durante a elaboração de um projeto, analisamos várias alternativas para ele ou para outros projetos alternativos, que concorrem a uma parcela dos recursos disponíveis. Vejamos mais a respeito na seção a seguir.

1.4.1 Elaboração do projeto: avaliação e especificidades

A **elaboração** é a etapa de um projeto que corresponde à sua montagem e apresentação gráfica e a **execução** é a fase de implantação ou implementação. A **operação**, por sua vez, refere-se ao funcionamento normal do projeto implantado.

Em todas essas fases, o projeto deve ser submetido a um **processo de avaliação**, proporcionando ao administrador condições de desenvolver e operacionalizar os planos de ação que a empresa irá executar com o objetivo de alcançar os resultados que foram aventados.

A avaliação durante a elaboração de determinado projeto ocorre quando são analisadas e constatadas as viabilidades de suas etapas[3]. Cada fase de verificação de viabilidade corresponde a uma decisão. Se determinada opção de investimento apresentar um grau de risco elevado, é necessário alocarmos mais recursos na análise de viabilidade.

Ao elaborar um projeto, é necessário que você responda, com clareza, a três questões:

- **Qual produto e/ou serviço será fornecido**: Escopo do projeto, que define e quantifica o trabalho a ser desenvolvido a fim de gerar o produto e/ou o serviço.
- **Quando será fornecido**: Prazo do projeto, também denominado de *horizonte de planejamento*; as ações devem estar inseridas num cronograma físico.
- **Quanto custará**: Orçamento do projeto; os valores estimados deverão estar inseridos em um cronograma financeiro.

No entanto, ao se questionar sobre os fatores expostos anteriormente, você deve ter em mente que cada projeto tem características próprias. Seus aspectos básicos são:

---

[3] Devemos ressaltar que o projeto pode não ser aceito, mesmo que sua viabilidade seja verificada em qualquer etapa.

- **Temporalidade**: Todo projeto deve ter início, meio e fim definidos.
- **Unicidade**: O produto e/ou serviço de cada projeto é único. Podemos tomar como exemplo uma copa do mundo, que envolve conceitos (fase de planejamento), recursos físicos (materiais e construções) e eventos (os próprios jogos).
- **Atividade finita**: Projetos são empreendimentos finitos, nos quais as atividades têm começo, meio e fim programáveis. **Singularidade**: Não há dois projetos iguais. Cada projeto depende de seus objetivos, do ciclo de vida, da competência da equipe, da disponibilidade de recursos e, certamente, dos fatores do ambiente em que está contextualizado.
- **Administração específica**: Quando administrados por meio de técnicas específicas, os projetos têm maior probabilidade de êxito. A administração de projetos, segundo Maximiano (2002, p. 40), é uma técnica (ou conjunto de técnicas) que se aplica a determinadas situações, dependendo tanto da natureza intrínseca da situação quanto da escolha consciente da forma de assegurar a orientação do esforço para um resultado, visto que controlar custos e prazos é condição básica para a obtenção do resultado esperado.
- **Riscos**: O projeto tem um componente de incerteza que cerca o resultado esperado e as condições de realização, ou ambos, durante a sua execução, uma vez que as expectativas do cliente mudam. Nos projetos de desenvolvimento de *softwares*, por exemplo, à medida que as rotinas e telas ficam prontas, o cliente começa a visualizar o produto final, e suas expectativas podem mudar.

No entanto, mesmo que, ao elaborar o projeto, você esteja ciente das especificidades citadas anteriormente, não é possível no início do projeto estabelecer com precisão suas características e seus parâmetros. Porém, esses itens poderão ser identificados e quantificados durante a implementação do projeto e deverão atuar como referências durante o processo de avaliação e controle daquele.

A proposta de trabalho, por meio da elaboração de determinado projeto, diferentemente das atividades contínuas realizadas nas organizações, aplica-se a qualquer tipo de organização, seja um empreendimento comercial interessado na obtenção de lucros, seja uma empresa sem fins lucrativos.

1.5   Projetos e atividades contínuas

As organizações estão sempre em busca de novas formas para gerir seus negócios. Alguns dos objetivos que a empresa pretende alcançar com formas de gestão mais eficazes consistem no funcionamento mais eficiente da organização, na economia de tempo ou de recursos financeiros e no atendimento aos clientes com nível de excelência superior ao de seus concorrentes, pois o cliente é o destinatário final do produto ou serviço do projeto. Esses são alguns dos motivos que dão origem aos novos projetos, diferentemente das atividades contínuas.

Enquanto a perspectiva do projeto é rigorosamente definida, além de limitada por tempo, recursos e objetivos específicos, posto que o projeto se destina a dar origem a um serviço único ou a um produto não produzido antes, as atividades contínuas, a seu turno, são vinculadas a objetivos em função do retorno sobre o investimento e a sobrevivência em longo prazo.

O Quadro 1.1 a seguir mostra a diferença entre projeto e atividades contínuas.

Quadro 1.1 – *Diferenças entre projeto e atividades contínuas*

Projeto	Atividades contínuas
Estabelecer um novo negócio	Administrar um negócio consolidado
Instalar um sistema de plataformas de micro-ondas	Fornecer instalações de controle de tráfego aéreo
Construir um novo porto marítimo	Operar um terminal oceânico
Introdução de controle de estoque computadorizado	Administração rotineira de estoque
Desenvolver uma concessão para exploração de minério	Produção lucrativa de minério
Construir uma usina nuclear	Fornecer suprimento constante de energia elétrica

Fonte: Keelling, 2002, p. 5.

Keelling (2002), ao comparar as características dos projetos com as atividades rotineiras, ressalta que os **projetos** possuem os seguintes itens:

- duração fixa;
- perspectiva limitada com objetivos claros;
- resultados de planejamento previsíveis e precisos e controle dominante.

As **atividades contínuas**, por sua vez, contam com as seguintes características:

- perspectivas e objetivos relacionados à sobrevivência da organização;
- planejamento de longo prazo dominante;
- flexibilidade de estratégias;
- táticas e utilização de recursos e decisões estruturadas, poucas restrições e perspectiva ampla.

É importante identificarmos as características do projeto na medida em que estas fornecem condições de avaliar se o empreendimento faz ou não parte da rotina normal da empresa.

Os projetos contemporâneos se apresentam de diversas formas e tamanhos e, para caracterizar e administrar uma atividade como projeto, é importante entender como eles surgem. Você poderá observar uma análise mais acurada a respeito da origem dos projetos na seção a seguir.

1.6 Como surgem os projetos

O termo *projeto* está associado à percepção da necessidade ou das oportunidades de certa organização. Tais oportunidades surgem em consequência de uma necessidade relacionada às expectativas do cliente no que concerne ao resultado final, que consiste em fornecer um produto ou disponibilizar um serviço.

A Figura 1.3 mostra como surgem os projetos.

Figura 1.3 – Como surgem os projetos

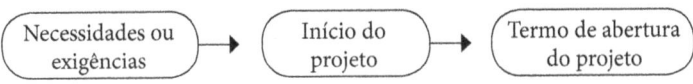

Fonte: Heldman, 2005, p. 50.

Heldman (2005, p. 51) afirma que há seis necessidades ou demandas que impulsionam quase todos os projetos. Entender como o projeto surge muitas vezes pode nos ajudar a esclarecer as metas e o escopo do projeto:

- **Necessidade da empresa**: Relaciona-se ao desejo da organização de aumentar as vendas, melhorar a eficiência, reduzir os custos ou utilizar os recursos de forma eficiente.
- **Demanda de mercado**: As necessidades de mercado podem gerar solicitações de um novo projeto em consequência de mudanças na economia e nos ciclos de oferta e procura. Exemplo: a indústria automobilística pode dar início a um novo projeto para produzir carros que sejam movidos a uma combinação de eletricidade e gasolina, em consequência da diminuição de oferta de petróleo.
- **Solicitações de clientes**: A solicitação de clientes pode gerar uma série de projetos novos e pode vir tanto de clientes internos como de clientes fora da empresa. Sob a perspectiva do revendedor, um projeto do sistema de perfil do cliente é um exemplo de projeto solicitado pelo cliente. Dada organização – o cliente – comprou um sistema de perfil (descrição dos traços de uma pessoa) do revendedor, tendo alguns requisitos específicos que deveriam ser cumpridos nesse sistema antes da instalação. Do ponto de vista do revendedor, você é o cliente, e a compra e personalização desse produto que irá adaptar-se aos propósitos da empresa (uma solicitação do cliente) são os motivadores desse projeto.
- **Exigência jurídica**: Os projetos motivados por exigências jurídicas surgem por tantos motivos quanto há leis. O governo pode criar uma nova lei exigindo a anexação de etiquetas de aviso em certos aparelhos elétricos para advertir os consumidores sobre possíveis acidentes envolvendo choque elétrico.

Produzir etiquetas e anexá-las aos aparelhos, quando antes não era necessário, é um exemplo de projeto gerado por exigência jurídica.

- **Avanço tecnológico**: Vivemos numa era de avanços tecnológicos que parecem surgir quase da noite para o dia. Inovações que as gerações anteriores à nossa jamais imaginaram, como falar em um telefone sem fio, que pode ser utilizado em quase todas as localidades, são corriqueiras hoje. Avanços tecnológicos de *softwares* para aparelhos portáteis podem gerar um projeto que tenha por objetivo criar e apresentar uma nova linha de serviços para clientes empresariais que, por sua vez, desfrutam das capacidades do novo *software* e geram mais lucro para suas organizações.
- **Necessidade social**: Projetos motivados por necessidades sociais podem incluir a criação e divulgação de campanhas de conscientização pública sobre prevenção de doenças contagiosas ou a criação de programas educacionais para crianças carentes. Necessidades sociais podem vir de clientes ou cidadãos interessados no assunto. Os clientes da organização podem pressionar a empresa a desenvolver novos métodos de teste que reduzam os riscos ambientais ou que protejam os fornecedores de água nos países onde a empresa tem fábricas.

Independentemente da razão de um projeto, devemos avaliar a prioridade deste e a forma como se encaixa **no planejamento estratégico da organização**. Em outras palavras, a organização deve possuir um processo formal de seleção e priorização dos projetos.

Nenhuma organização e nenhum projeto existem isoladamente. Por isso, é necessário contextualizar este último, isto é, devemos explicar a situação existente no meio em que as ações ocorrerão, em seu ambiente real. Veja mais a esse respeito na seção a seguir.

1.7 O ambiente do projeto

Com tudo que já vimos até agora, você pode vir a se questionar: "**Qual é a melhor forma de conduzir um projeto e avaliar sua viabilidade e sua eficácia?**". Na realidade, não existe a melhor forma de organizar um projeto; a forma mais adequada depende do tipo de projeto e do ambiente no qual este está inserido. A partir do momento em que você dispõe dessas características devidamente determinadas, pode minimizar as incertezas, imprevisibilidades e instabilidades do ambiente no qual está inserido o projeto e desenvolver as respostas apropriadas a essas variáveis no tempo devido.

Durante a elaboração de qualquer projeto, é fundamental conhecermos esse ambiente, pois nenhum deles é igual ao outro. Eles se diferenciam tanto pelo grau de mudança como pelo grau de complexidade. O contexto, nesse caso, situa a análise do projeto em seu ambiente real. O ambiente do projeto, por sua vez, consiste em componentes que podem afetá-lo com maior ou menor amplitude. Um estudo integrado dos principais componentes do ambiente norteará o comportamento do plano, eliminando atividades desnecessárias (o retrabalho), permitindo a readequação das atividades existentes. Destacam-se entre esses fatores a cultura nacional, os concorrentes, os recursos, outros projetos, a demografia, o fornecedor, o governo e o cliente, como você pode ver na Figura 1.4 a seguir:

Figura 1.4 – Ambiente do projeto

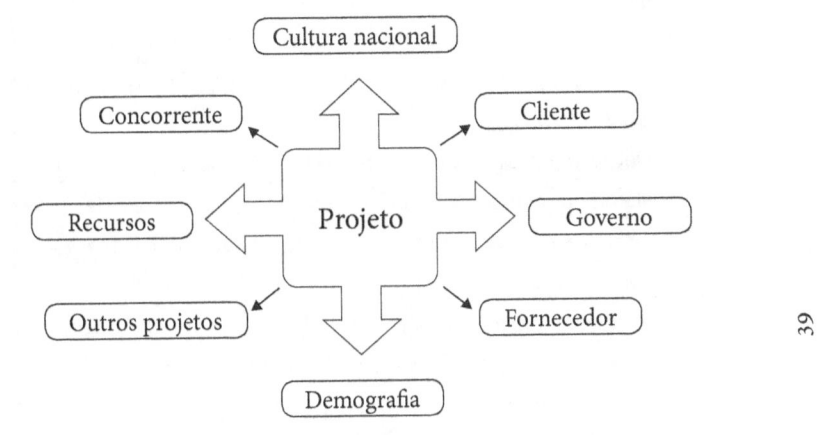

```
                    ┌─────────────────┐
                    │ Cultura nacional│
                    └─────────────────┘
                            ↑
   ┌─────────────┐                    ┌─────────┐
   │ Concorrente │                    │ Cliente │
   └─────────────┘                    └─────────┘
                         ↖   ↗
   ┌──────────┐                       ┌─────────┐
   │ Recursos │  ←    Projeto    →    │ Governo │
   └──────────┘                       └─────────┘
                         ↙   ↘
   ┌────────────────┐                 ┌────────────┐
   │ Outros projetos│                 │ Fornecedor │
   └────────────────┘                 └────────────┘
                            ↓
                    ┌────────────┐
                    │ Demografia │
                    └────────────┘
```

Veja a seguir um detalhamento de cada um desses fatores:

- **Cultura nacional**: A cultura representa o conjunto de ideias, de conhecimentos, de padrões de atitudes e de comportamentos que caracterizam uma sociedade. É necessário identificar as características desta, bem como seu estilo de vida, estabelecendo, dessa forma, indicadores de saúde, segurança, emprego e densidade populacional.
- **Concorrente**: É necessário identificarmos os concorrentes diretos e os substitutos, o tipo de produto comercializado, o acesso a fornecedores e mercados, o grau de integração e a eventual existência de barreiras de entrada e saída de novos concorrentes.
- **Recursos**: Os recursos podem ser físicos, como propriedades, máquinas e equipamentos. Podem ser também humanos, como número de pessoas, habilidades e competências necessárias; financeiros, como administração do caixa, controle de créditos e débitos, e intangíveis, como marca e imagem da organização.

- **Outros projetos**: Para que não haja dispersão de recursos, é necessário priorizarmos os projetos em fase de elaboração, implantação ou operacionalização.
- **Demografia**: Diz respeito à composição da população. Fornece elementos a respeito de uma população, como número de habitantes e domicílios, distribuição de habitantes por renda, faixa etária e estado civil, composição de famílias e dados de raça, sexo, religião e grau de escolaridade. Esses aspectos podem provocar mudanças significativas no ambiente social e de negócios.
- **Fornecedor**: As organizações dependem de outros insumos para alcançar suas metas, ou seja, de matéria-prima, trabalho, capital etc. Se a disponibilidade desses recursos é restrita, se os preços aumentam ou se a qualidade diminui, a capacidade da organização de continuar operando pode ficar comprometida. Devemos analisar alguns aspectos quanto aos fornecedores, como quem são, quantos são, preços praticados e, sobretudo, a qualidade dos seus produtos.
- **Governo**: Quando intervém nos diversos setores da sociedade, o governo pode gerar estabilidade ou instabilidade. Os negócios da empresa, as condições financeiras e o resultado das operações nas organizações podem ser afetados por mudanças na política, como impostos, variações cambiais, inflação, instabilidade de preços e políticas tributárias.
- **Cliente**: Os gostos e as preferências dos clientes mudam e essas variações podem representar incerteza para a administração das organizações.

É vital que você compreenda que a organização não existe sozinha. É necessário contextualizá-la e isso só é possível com uma análise das variáveis que diagnostique como o ambiente geral (também chamado de *macroambiente*), o ambiente operacional e o ambiente interno podem interferir na organização. No **ambiente geral** no qual a organização se insere são consideradas as interações organizacionais diretas, tais como as com clientes, as com concorrentes, as com fornecedores e as com sindicatos, bem como o contexto mais amplo, como a influência do governo, da economia e da cultura nacional.

Na contextualização, feita por meio da análise do ambiente, serão identificadas as ameaças, oportunidades e riscos que possam influenciar no atingimento dos objetivos e das metas propostas pelo projeto. Após a contextualização, também é necessário conhecer o ciclo de vida do projeto.

1.8 Tipos de projetos

Há diversos tipos de projetos, que podem ser classificados, em função dos seus objetivos, em **projetos de pesquisa, de financiamento e de investimento**. Observe uma análise mais apurada de cada um deles a seguir.

1.8.1 Projeto de pesquisa

O projeto de pesquisa tem sua elaboração voltada para a solução de problemas e para descobrir respostas para determinadas questões por meio de métodos científicos. Assim como o projeto de investimento, o projeto de pesquisa envolve a mobilização de recursos para atingir resultados e deve ser justificado econômica ou socialmente e detalhado em suas diversas fases, que devem ser finalizadas até sua execução. Para tanto, os termos usuais devem ser substituídos por termos técnicos para conferir ao projeto uma linguagem cuja finalidade é somente informativa.

De forma usual, um projeto deve responder às seguintes perguntas: **o que, por que, para que, para quem, como, com que, quanto, quando** e **com quanto fazer**, devendo questionar sobre a forma de pagamento e determinar quem será responsável pela efetividade do projeto.

Como dissemos nos parágrafos anteriores, essas perguntas devem receber um tratamento mais técnico. Os termos usuais devem ser substituídos da seguinte forma:

- O que faremos (objetivos, tanto gerais como específicos)?
- Qual é a situação atual (diagnóstico)?
- Qual é a tendência da situação (prognóstico)?
- Por que desejamos fazê-lo (justificativa técnica, mercadológica e econômico-financeira)?
- Onde faremos (localização)?
- Para quem faremos (público-alvo)?
- Quem somos e com quem contamos (instituições envolvidas e parcerias)?
- Aonde queremos chegar (metas)?
- O que precisamos fazer (atividades consubstanciadas na estrutura analítica de projeto – EAP)?
- Do que precisamos (todos os tipos de recursos, como materiais, matéria-prima, máquinas, equipamentos, produtos manufaturados, força de trabalho, administração e profissionais e especialistas)?
- Quanto custa (orçamento)?
- Quando faremos (horizonte de planejamento ou cronograma físico)?
- O que faremos após os recursos terem se esgotado (continuidade das ações)?
- Há informações extras sobre o projeto (anexos e apêndices)?

A estrutura desse tipo de pesquisa pode ser definida pela instituição que o requisita e deve estar de acordo com as normas da Associação Brasileira de Normas Técnicas (ABNT). Como base em determinado tema, a estrutura dos elementos textuais do projeto de pesquisa pode ser vista na explicação a seguir:

Introdução: O objetivo da introdução é situar o leitor no contexto do tema pesquisado, oferecendo uma visão global do estudo realizado, esclarecendo as delimitações estabelecidas na abordagem do assunto. Engloba a formulação do problema, a construção das hipóteses e as justificativas que levaram o autor a tal investigação para, em seguida, apontar as questões de pesquisa para as quais buscará as respostas.

Revisão de literatura: Integra o texto ou corpo do trabalho. Traz a apresentação das informações e argumentos de forma detalhada. Consiste na fundamentação lógica do projeto e tem por objetivo expor e demonstrar as principais ideias. É o embasamento teórico de uma pesquisa, fundamentos que irão expor e analisar os diversos pensamentos existentes dos estudiosos na área que servirão de alicerce durante o desenvolvimento do projeto e servirão para ratificar ou não as hipóteses. Segundo Laville e Dionne (2000), a revisão de literatura não é uma caminhada pelo campo em que fazemos um buquê com todas as flores que encontramos. É um percurso crítico, relacionando os assuntos com a pergunta à qual se quer responder.

Material e métodos ou metodologia: Consiste em dizer o tipo de pesquisa que está sendo elaborada, apresentar os instrumentos de coleta de dados e expor como foi feita a análise de dados.

Resultados e discussão: Trata-se de discutir os resultados no sentido de deixar claro que, com base em determinado problema e construídas as hipóteses, elas serão ou não ratificadas.

Conclusão: A conclusão é a síntese do projeto. Retoma os principais pontos e constitui-se de uma resposta ao objetivo enunciado na introdução

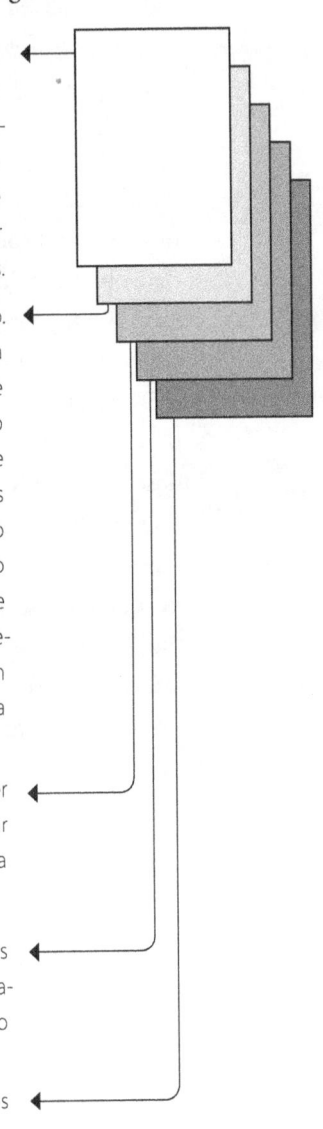

A dissertação de mestrado e a tese de doutorado são exemplos clássicos de projetos de pesquisa.

De acordo com Mattar (2008, p. 158), a **dissertação** é definida

> como um documento, desenvolvido sob a coordenação de um orientador doutor e visando à obtenção do título de mestre, que representa o resultado de um trabalho experimental ou exposição de um estudo científico retrospectivo, de tema único e bem delimitado em sua extensão, com o objetivo de reunir, analisar e interpretar informações.

Ainda segunto Mattar (2008, p. 158), **tese** é um "documento desenvolvido sob a coordenação de um orientador doutor visando à obtenção do título de doutor, e deve ser elaborado com base em investigação original, constituindo-se em real contribuição para a especialidade em questão".

O **projeto de pesquisa**, no entanto, não se restringe à obtenção do grau de especialista, mestre ou doutor. Ele tem por finalidade descobrir respostas para determinados problemas utilizando-se do método que lhe é peculiar, denominado *método científico*.

Nesse contexto, observamos uma demanda cada vez maior da **pesquisa tecnológica**. Um exemplo muito ilustrativo é do Instituto de Pesquisas Tecnológicas (IPT)[4], ligado ao governo do Estado de São Paulo, cuja área de abrangência, como consta em seu *site*, é bastante ampla (IPT, 2010):

> Por meio de doze centros tecnológicos, atua de forma multidisciplinar, contemplando os mais diversos segmentos como energia, transportes, petróleo e gás, meio ambiente, construção civil, cidades e segurança. [...]
> Além dos **projetos** em pesquisa e inovação já existentes, estão sendo ampliadas as áreas de atuação em biotecnologia, novos materiais e bioenergia. [grifo nosso]

---

4 Para maiores informações sobre a instituição, acesse o seguinte *link*: <http://www.ipt.br/institucional>. Acesso em: 5 maio 2011.

Em tais ambientes ou instituições, é necessário que você se inteire das **regras específicas** para elaborar seu projeto de pesquisa. Mas seguramente a estrutura ou escopo do projeto deverá seguir o que foi exposto aqui. Ou seja, você precisa apresentar a formulação do problema, das hipóteses e da justificativa de sua proposta. Além disso, deve fundamentar a sua argumentação teórica (revisão de literatura), descrever os métodos e materiais que irá usar, antever os resultados e a discussão do problema e, inclusive, a provável conclusão.

> INTERTEXTOS E CONTEXTOS
>
> JUNG, C. E. *Metodologia científica*: ênfase em pesquisa tecnológica. 2003. Disponível em: <http://www.geologia.ufpr.br/graduacao/metodologia/metodologiajung.pdf>. Acesso em: 18 abr. 2011.
>
> O propósito desta obra não é a elaboração de projetos de pesquisa. Apenas fizemos menção de suas características básicas. Caso você tenha interesse no assunto ou precise fazer um projeto de pesquisa, consideramos imprescindível a leitura da obra da obra anteriormente mencionada, do professor Carlos Fernando Jung, publicada em 2003. Você encontra esse material no *site* do curso de Geologia da Universidade Federal do Paraná (UFPR). Você também pode acessar o *site* do Professor Carlos Fernando Jung, por meio do seguinte *link*: <http://www.jung.pro.br>. A obra não foi colocada à venda, estando disponível gratuitamente com o propósito da difusão da pesquisa científica. Sua configuração é objetiva e o conteúdo é bastante esclarecedor.

1.8.2 Projeto de financiamento

O projeto de financiamento é elaborado para atender às exigências de instituições financiadoras, como bancos de investimentos e/ou órgãos que concedem financiamento ou incentivos em níveis federal, regional, estadual e municipal. É necessário identificar as fontes de recursos para financiamento das inversões previstas, os recursos próprios e os de terceiros. Se o investimento total for composto por recursos próprios, devemos detalhar como estes serão captados. Para que o projeto obtenha crédito, isto é, recursos de terceiros, é necessário que o projeto satisfaça a exigência de garantias reais preestabelecidas dos recursos próprios. Geralmente, o projeto de financiamento resulta do preenchimento de formulários padronizados distribuídos pelos órgãos que fornecerão os incentivos ou os financiamentos. Com a estabilização monetária do Brasil, a possibilidade de financiamento em longo prazo vem se ampliando. Em nosso país, o principal órgão financiador nessa modalidade é o Banco Nacional de Desenvolvimento Econômico e Social (BNDES).

O esquema de mobilização desses recursos é detalhado em consonância com o horizonte de planejamento de execução do projeto (inserção das atividades do projeto em um determinado intervalo de tempo). A capacidade de pagamento deste é estimada por meio do cronograma econômico-financeiro.

Os recursos para o financiamento de projetos do governo federal brasileiro, dos governos estrangeiros com programas de cooperação técnica no Brasil e das embaixadas no Brasil possuem critérios próprios para a análise da conveniência ou não de determinada fonte de recursos, a fundo perdido ou não. Os recursos dependem da disponibilidade e devem obedecer a regras específicas do agente financiador.

Os tipos de recursos disponíveis para o financiamento de projetos governamentais, de acordo com o *Manual de fundos públicos* (Abong, 2003, p. 29), são:

> a) *Recursos a fundo perdido: são os recursos sobre os quais não incidem custos financeiros e para os quais não se exige o reembolso, mas apenas a prestação de contas.*

b) *Recursos disponíveis na forma de linha de crédito com juros subsidiados:* são os recursos oferecidos por meio de agentes financeiros, sobre os quais incidem juros menores que aqueles praticados no mercado.

O fascínio por essa nova ferramenta gerencial, admitem Copeland e Antikarov (2001, p. 132), reside no fato de as empresas, em seus projetos de financiamento, considerarem a possibilidade de ampliá-los, reduzi-los, abandoná-los ou atrasá-los, para se precaverem de quaisquer eventualidades.

Na prática empresarial, você irá observar que as atividades de financiamentos, como esclarece Seleme (2010, p. 33), estão atreladas à forma como ocorreram as atividades de operacionalização e de investimentos, ou seja, são "uma consequência das decisões tomadas nas atividades operacionais e nas atividades de investimentos", logo, estes são processos que se inter-relacionam, portanto são projetos, os de financiamento e de investimento, que devem ser feitos em conexão.

1.8.3 Projeto de investimento

Para as organizações, **investimento** é um desembolso elaborado para gerar um fluxo de benefícios futuros durante um determinado horizonte de planejamento.

As **decisões de investimento** são tomadas diariamente, com referência tanto à aplicação de recursos próprios quanto à de recursos de terceiros. Portanto, as decisões de investimento devem ter seus objetivos definidos claramente e sua duração e tamanho predeterminados, pois precisamos considerar aspectos como a escassez de capital relativa aos demais fatores de produção (pessoal, matéria-prima, energia etc.).

A **seleção de projetos** deve ser feita tendo-se em vista o plano de crescimento da empresa e deve considerar a existência de projetos rentáveis. No plano de crescimento da empresa, cada projeto é avaliado por meio da análise de sua rentabilidade potencial.

> O **projeto de investimento**, portanto, pode ser conceituado como toda aplicação de capital em qualquer empreendimento, com o objetivo básico de obtenção de receitas.

Durante a elaboração desse tipo de projeto, são desenvolvidos estudos para fundamentar o processo, que justifiquem a alocação de recursos em investimentos, com foco no retorno e na viabilidade econômico-financeira do empreendimento. Para tanto, todos os insumos e produtos relacionados com o projeto devem ser quantificados e mensurados em termos monetários. No projeto de investimento, de forma geral, estimamos as **necessidades totais de capital fixo e de capital de trabalho para a execução do projeto**, que são inseridas em um cronograma financeiro preparado durante a elaboração do projeto. Considerando que o investimento é apenas um projeto e como os valores monetários de seu fluxo de caixa são estimativas, é necessário cautela no momento de decidir.

Como afirmam Souza e Clemente (1998, p. 145), "Os projetos de investimento, geralmente, conseguem apenas melhorar a tomada de decisão, diminuindo o nível de incerteza. De qualquer forma, a avaliação da situação de risco, em si, constitui importante informação para a tomada de decisão".

Em termos estritamente econômicos, quando falamos em *projeto*, geralmente temos em vista um plano de investimento, este podendo ser definido como um comprometimento de recursos realizado com o objetivo de obtenção de benefícios futuros durante um período de tempo.

A partir do momento em que um investimento possa ser analisado como uma opção, é possível valorizar cada etapa do processo decisório.

Não existe regra formal para a iniciação de um projeto de investimento, a não ser a publicação do termo de abertura e a documentação uma definição clara e precisa dos objetivos propostos pelo projeto. Vejamos mais a esse respeito na seção a seguir.

Objetivos da elaboração do projeto de investimento

Empresários e instituições, quando decidem investir, esperam que os resultados estimados sejam atraentes, principalmente porque envolvem recursos humanos, materiais e financeiros que precisam ser maximizados. Assim, as decisões devem estar ancoradas na quantificação da atratividade do investimento e ser realizadas por meio de indicadores projetados ao longo do horizonte do projeto.

Os projetos de investimentos são elaborados com diversos objetivos. Dentre eles, Jiménez (2003, p. 8) cita os mais importantes: para uso próprio, solicitação de empréstimos, promoção de investimentos, satisfação de necessidades e geração de divisas. Veja a seguir um detalhamento de cada um desses objetivos:

- **Para uso próprio**: um profissional deseja conhecer a viabilidade de instalar uma determinada empresa.
- **Para solicitar empréstimo**: atualmente toda solicitação de empréstimo deve estar acompanhada de um estudo de viabilidade da empresa que se pretende financiar. Os organismos financiadores exigem obrigatoriamente que as solicitações de empréstimos se encontrem respaldadas por um estudo completo, que compreenda a análise técnico-econômica da atividade que se queira implantar.

- **Para promover investimentos**: a promoção de investimentos em um país constitui uma atividade costumeira e contínua, que se efetua para atender a interesses nacionais e internacionais.
- **Para satisfazer necessidades**: os projetos de financiamento que têm como processo produtivo a fabricação de um bem têm a missão de satisfazer necessidades insatisfeitas em um mercado consumidor.
- **Para gerar divisas**: para a geração de divisas em alguns países, em uns mais que em outros, é necessário promover a exportação de investimentos, destinados a cobrir demandas de mercados externos. Essas exportações trazem consigo a obtenção de divisas, que por sua vez servem aos países para cobrir suas obrigações financeiras de empréstimos externos ou satisfazer necessidades de importações, beneficiando a posição da balança comercial e de pagamentos.

Fonte: Jiménez, 2003, p. 8.

Um projeto de investimento, em sentido amplo, é interpretado por Souza e Clemente (1998, p. 144) como:

um esforço para elevar o nível de informação (conhecimento) a respeito de todas as implicações, tanto desejáveis como indesejáveis, para diminuir o nível de risco. Os projetos de investimento geralmente conseguem melhorar a tomada de decisão, diminuindo o nível de incerteza. Um projeto de investimento também pode ser denominado de projeto de viabilidades, que procura verificar as viabilidades em nível interno da própria empresa.

O conteúdo de um projeto de investimento é composto basicamente das seguintes etapas:

- Introdução.
- Diagnóstico.
- Objetivos.
- Fatores:
    - mercadológicos;
    - técnicos;
    - ambientais;
    - administrativos;
    - jurídicos e legais;
    - econômico-financeiros.
- Avaliação quantitativa e qualitativa.
- Conclusão.

Você deve analisar todos esses fatores separadamente, de modo parcial, para que cada um deles seja adicionado posteriormente aos demais, por meio de cronogramas e projeções.

Observe a representação gráfica dessas partes constituintes do projeto na Figura 1.5 a seguir.

Figura 1.5 – Etapas e fatores de um projeto de investimento

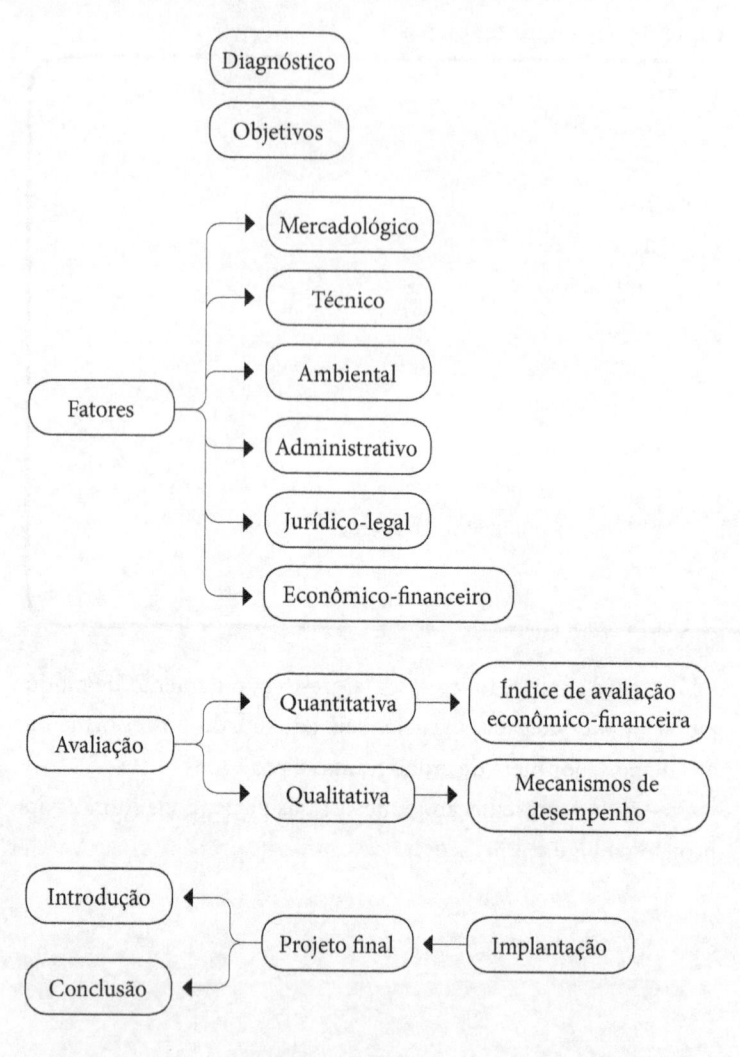

- Diagnóstico
- Objetivos
- Fatores
  - Mercadológico
  - Técnico
  - Ambiental
  - Administrativo
  - Jurídico-legal
  - Econômico-financeiro
- Avaliação
  - Quantitativa → Índice de avaliação econômico-financeira
  - Qualitativa → Mecanismos de desempenho
- Implantação → Projeto final
  - Introdução
  - Conclusão

Após escolhido um tema, podemos utilizar o modelo da Figura 1.5 anteriormente demonstrada, pois este permite identificar os elementos principais do processo de desenvolvimento de um projeto, sendo que a inter-relação desses elementos fornece uma visão sistêmica e holística do desempenho deste.

Cada etapa e cada componente do projeto têm começo, meio e fim, com suas próprias características e seu próprio ciclo de vida. Esses fatores têm sua importância didática para o entendimento do processo de elaboração de projeto e para facilitar a realização e o acompanhamento do cronograma de execução.

Esse caráter sistemático, isto é, organizado, metódico, do projeto não significa que essas atividades possam ser realizadas de acordo com regras fixas, predeterminadas, espécie de receita a ser seguida mecanicamente. A elaboração do projeto deve ser orientada de acordo com as características de cada organização, as condições conjunturais, a habilidade crítica e, ainda, a capacidade criativa de seu elaborador. Na prática, há tantos projetos diferentes quantas forem as organizações existentes.

Ao estruturar uma sequência lógica de reflexão técnica, o elaborador de projeto consegue organizar e dar consistência ao trabalho, delimitando as probabilidades futuras de implantação do empreendimento e os desdobramentos de cada decisão.

> Cada etapa e cada fator que constituem o projeto devem apresentar as conclusões e os dados que o suportam, numa ordem sistemática e lógica, formando um todo crescente e conclusivo com os demais. Não pode ser rígido, mas, sim, adaptado à sua natureza e ao seu objetivo, apresentando um conteúdo mínimo que permita sua análise, seu julgamento, sua revisão e sua operacionalização.

O modelo de elaboração do projeto contém um fluxo de informações que se constitui das principais etapas e fatores que devem ser abordados com profundidade. Essa estrutura é capaz de organizar, repassar as informações necessárias para que as

viabilidades sejam inferidas, tanto no processo de elaboração quanto na implementação de determinado projeto.

1.9 Viabilidades do projeto

Cada projeto possui uma singularidade. Devemos procurar determinar os fatores influentes na consecução do empreendimento e suas interdependências, que, em seu conjunto, agem para a viabilidade ou não de uma iniciativa.

A viabilidade de um projeto indica o grau de dificuldade em implementá-lo, e o investimento, nesse caso, deve ser avaliado em função de tempo, esforço e recursos financeiros que serão despendidos.

O estudo de viabilidade é um investimento em conhecimento e segurança. Isso porque, de acordo com Keelling (2002, p. 51):

> *devido ao caráter diversificado do trabalho de projeto, é difícil oferecer conselhos em relação à condução de estudos de viabilidade. Porém, alguns princípios básicos podem ser úteis:*
> *a) obtenha o máximo possível de informações antes de começar o estudo;*
> *b) faça um plano de estudos – quem consultar, o que perguntar, aonde ir, o que procurar etc. – e revise-o regularmente;*
> *c) teste preconceitos e ideias preconcebidas. Escute opiniões, mas teste sua validade;*
> *d) não se deixe influenciar erroneamente pelo sucesso aparente de alguém;*
> *e) saiba diferenciar fato e opinião;*
> *f) esteja atento à natureza e força de opiniões e sentimentos intensamente defendidos que poderiam resultar em oposição ou atraso na consecução do projeto;*
> *g) obtenha e registre fatos sempre que for possível;*

h) esteja ciente dos possíveis riscos; considere suas consequências e o modo como estas dificuldades podem ser superadas;

i) lembre-se de que você é um embaixador do projeto e que sua cortesia, aceitabilidade e imagem podem produzir um efeito poderoso no sucesso futuro;

j) não tenha medo de considerar alternativas, dê uma opinião honesta e imparcial.

Todo projeto, durante sua elaboração e antes de sua implementação, deve passar pelos testes de viabilidade para que sejam analisadas e selecionadas as oportunidades de investimentos mais convenientes, bem como a fim de que sejam evitados investimentos antieconômicos ou maldimensionados.

Heldman (2005, p. 62) ressalta que o estudo de viabilidade é um estudo preliminar que analisa a rentabilidade do projeto, a eficiência ou a viabilidade do produto do projeto, a possibilidade de comercialização do produto ou serviço, soluções alternativas e as demandas da empresa que geraram a solicitação.

As principais viabilidades que devem ser verificadas são: **mercadológica, técnica, econômica, financeira, social e administrativa**. Vejamos cada uma delas detalhadamente na seção a seguir.

Viabilidade mercadológica

Uma análise do mercado superestimada ou subestimada pode comprometer a viabilidade do projeto. A quantificação da capacidade de consumo, isto é, a análise das possibilidades de vendas de um determinado produto ou serviço em determinado mercado permite efetuar o dimensionamento do seu investimento e avaliar a viabilidade mercadológica.

Os dados referentes ao mercado devem demonstrar que o projeto só pode ser viabilizado com condições vantajosas de produtividade e competitividade. A viabilidade mercadológica pode ser demonstrada por meio do confronto das estimativas da demanda com as da oferta, o que dá condições de identificar superávits ou déficits (demanda insatisfeita) do suprimento futuro de um produto ou serviço.

CONEXÕES COM A PRÁTICA

Este é um fator que você também pode observar no plano de negócios do *Plano Estratégico Petrobras 2020* (Petrobras, 2010): a viabilidade mercadológica demonstrada no confronto entre as estimativas de demanda com as de oferta, exposta no quadro intitulado *Desafio da oferta mundial de petróleo*, o qual é acompanhado do subtítulo que irá justificar a necessidade de investimentos na descoberta de novas áreas de prospecção petrolífera:

Taxa natural de declínio requer o descobrimento de novas reservas para atender a demanda mundial de Petróleo. Veja os dados que acompanham a assertiva:

DESAFIO DA OFERTA MUNICIPAL DE PETRÓLEO

Taxa natural de declínio requer o descobrimento de novas reservas para atender a demanda mundial de Petróleo

Adição de capacidade requerida

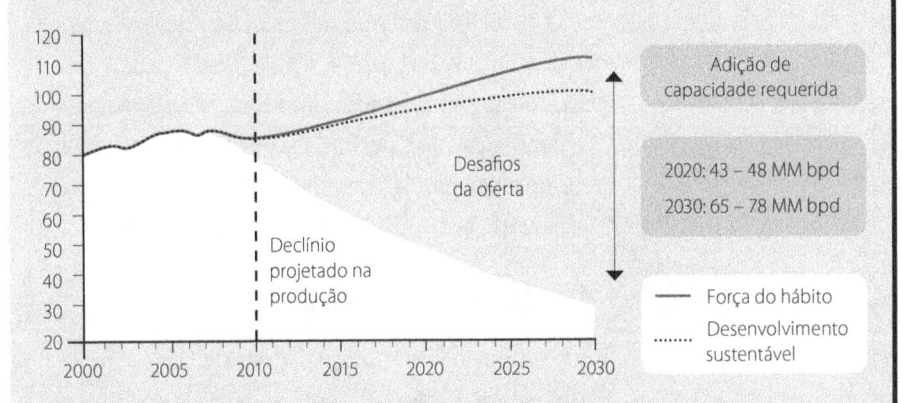

2020: 43 – 48 MM bpd
2030: 65 – 78 MM bpd

Desafios da oferta

Declínio projetado na produção

— Força do hábito
······ Desenvolvimento sustentável

87% da oferta deve vir da reavaliação de reservas existentes e de reservas ainda não descobertas ou ainda não comerciais

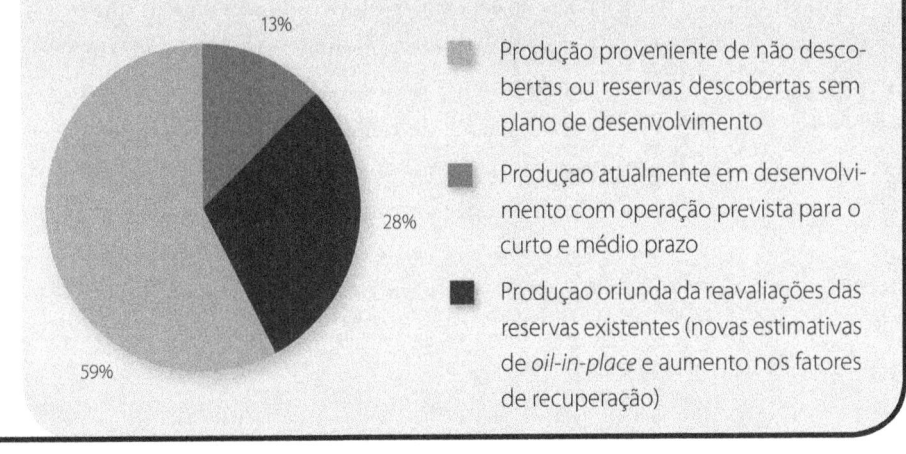

- 13% — Produção proveniente de não descobertas ou reservas descobertas sem plano de desenvolvimento
- 28% — Produçao atualmente em desenvolvimento com operação prevista para o curto e médio prazo
- 59% — Produçao oriunda da reavaliações das reservas existentes (novas estimativas de *oil-in-place* e aumento nos fatores de recuperação)

Viabilidade técnica

A viabilidade técnica fica demonstrada quando nenhum problema de engenharia e tecnologia referentes ao projeto constitui impedimento à sua implantação e operacionalização e quando a empresa dispõe de tecnologia própria ou tem possibilidade de adquiri-la em fontes externas.

O projeto a ser operacionalizado deve ser tecnicamente viável, isto é, a tecnologia para a realização do empreendimento deve ser conhecida e detalhada para permitir reproduções futuras e comprovar que a tecnologia escolhida é a mais adequada às condições do empreendimento.

Viabilidade econômica

O teste de viabilidade econômica consiste em uma averiguação referente às receitas inerentes ao projeto para verificar se estas superam os custos. Nesse contexto, o projeto deve ser justificado em termos econômicos com base na estruturação do fluxo de caixa, como forma de demonstrar que o empreendimento apresentará rentabilidade, tornando-o vantajoso sob o ponto de vista econômico.

Essa análise de rentabilidade do investimento pode ser feita por meio da técnica de orçamento. Fazemos um confronto entre os fluxos de entrada de caixa ou entre o de receitas e o de saída de caixa (denominado de *custos*), identificados durante o horizonte de planejamento do projeto. Com base nessa análise, o empreendedor terá condições de definir a viabilidade econômica de um projeto.

Viabilidade financeira

Consiste em verificar se existem recursos financeiros suficientes para a implementação do projeto. Devemos demonstrar, por meio de análise das condições financeiras passadas, presentes e potenciais, a capacidade da empresa em assumir, com segurança, o débito que pretende contrair. É comum encontrarmos a expressão *viabilidade econômico-financeira*, mas devemos lembrar que a ideia central é que, quanto maior for o retorno esperado de um projeto, mais atraente este será para o investidor.

Viabilidade social

A viabilidade social é verificada ao fazermos a análise do ponto de vista da sociedade e não do ponto de vista privado; por conseguinte, aos custos e receitas privados são acrescentados os custos e receitas sociais. Nesse caso, a análise deve demonstrar que o empreendimento apresenta conveniência do ponto de vista social para sua área de influência, isto é, que os benefícios são maiores que os custos.

Viabilidade administrativa

Para permanecerem no mercado, as empresas necessitam reorganizar continuamente sua estrutura. Consequentemente, as novas estruturas empresariais procuram reduzir a burocracia e a complexidade de seus processos administrativos, tornando-os ágeis para o melhor atendimento aos clientes.

Não existe a melhor forma de definir a estrutura organizacional de uma empresa ou de um projeto, mas, para comprovar sua viabilidade, o importante é que tanto a empresa como o projeto devem demonstrar que dispõem de adequada estrutura administrativa. **Elaborar um estudo de viabilidade significa projetar a vida do futuro empreendimento e depende basicamente da quantidade e da qualidade das informações utilizadas.** No entanto, embora não haja uma fórmula para a elaboração do estudo de viabilidade, não se pode negligenciá-lo ou realizá-lo inadequadamente.

Keelling (2002, p. 47) afirma que o estudo de viabilidade deve apresentar um quadro equilibrado que incorpore todos os aspectos possíveis de interesse como:

- *Dados existentes:* Muitos estudos se beneficiam da experiência de operações e dados similares anteriormente registrados em projetos ou operações semelhantes.
- *Escopo, objetivos e premissas:* Além de confirmar ou não a necessidade, intenção e objetivos similares, o estudo deve testar as premissas expressas na proposta inicial.
- *Esboço de estratégia:* O estudo pode resultar em uma estratégia esboçada para o projeto, o que, quando, onde, como e por quem, e assim por diante.
- *Análise financeira:* Fatores externos, quando relevantes. A economia do país ou região, por exemplo (estável, em transição, em desenvolvimento), tendências, ameaças detalhadas, informações factuais e análise.
- *Análise financeira:* Base para o projeto – as estimativas de custo devem ser realistas e o estudo pode ser solicitado a investigar ou sugerir fontes de capital. Tenha em mente a dificuldade de levantar capital para projetos de alto risco ou politicamente sensíveis, e iniciativas que envolvem tecnologias não testadas ou projetos em regiões estáveis.
- *Avaliação do retorno sobre o investimento e o esforço:* Avalie o retorno esperado do esforço e do investimento (RSI) do projeto e/ou outros benefícios, entre os quais a sustentação no caso de treinamento, mudança organizacional, ajuda internacional, projetos de desenvolvimento ou assistência.

- *Avaliação de riscos:* Identificação e classificação de possíveis ameaças ou riscos para o sucesso final. Uma avaliação de níveis de risco e consequências com uma apreciação dos métodos de limitação ou eliminação de riscos, avaliação do risco financeiro.
- *Fontes de apoio ao projeto:* Relação dos apoiadores e defensores do projeto, possíveis ou confirmados, e agências ou instalações especiais que poderiam ser vantajosos aceitação ou implementação.
- *Avaliação tecnológica:* Quanto a tecnologia, verificar a viabilidade tecnológica, testada, em desenvolvimento, exploratória, nível de risco tecnológico, perigo, se existir de estouro orçamentário devido a custos de desenvolvimento de tecnologia emergente. Oportunidade pra aquisição de know-how por meio de contrato, fusão, joint venture, etc.
- *Análise política, quando cabível:* Avaliação política e quaisquer implicações sobre aspectos do projeto incluindo escolha de pessoal, segurança, segurança pessoal, áreas de possível apoio, conflito ou oposição. Nível de estabilidade política, economia, inflação, etc. Envolvimento do governo, participação de governo federal, estadual ou municipal ou regional no projeto, divisão de custos, patrocínio, participação nos lucros como benefícios, incentivos, etc.
- *Avaliação do impacto ambiental (AIA):* Natureza precisa e extensão do impacto ambiental do projeto e, se houver, detalhes de adminstração ambiental a serem

incluídos na estrutura do projeto para atende requisitos desejados, acordados ou obrigatórios – Série ISO 14000, por exemplo.
- Avaliação do impacto sociológico, quando apropriada, e identificação de interessados, que são os stakeholders[5]: Avaliação do impacto do projeto na estrutura social e identificação inicial de indivíduos ou grupos interessados afetados.
- Estrutura gerencial e administrativa do projeto: Esboço da estrutura proposta, Pessoal-chave, qualificações especiais, esboço de especificação do cargo etc. Administração, apoio para pessoal vindo de outros lugares, proteção, alojamento, bem-estar e segurança.
- Recursos do projeto: Reunião das necessidades importantes de recurso, identificação das fontes de abastecimento, tipo de contrato ideal e detalhes de estimativas preliminares.

Woiler e Mathias (1994, p. 29) ressaltam que um projeto pode não ser aceito em qualquer etapa em que analisamos suas viabilidades e ainda acrescentam que, à medida que avançamos na sua implementação, os custos associados à desistência são maiores, até chegarmos a um ponto de não retorno. A partir desse ponto, os custos associados à desistência são maiores do que aqueles decorrentes da continuação da implantação do projeto, mesmo que as condições tenham mudado.

---

5 *Stakeholders*: Qualquer pessoa interessada no projeto, como patrocinadores, gerentes, clientes, equipe do projeto, fornecedores.

Esse esclarecimento objetivo dos referidos autores sobre um fato que você pode observar na prática demonstra a importância das análises e avaliações iniciais, bem como a necessidade de continuidade de tal processo analítico-avaliativo. Esta é a razão pela qual procuramos estabelecer primeiramente uma visão geral do que seja um projeto, assim oferecendo subsídios para você seguir para as etapas seguintes do planejamento de um projeto de investimentos.

2

Estrutura do projeto
de investimento

"O mundo não consiste de coisas isoladas, e sim de interações, pela complementaridade de dimensões que dele fazem parte."
(Heloísa Lück, 1996)

O pensamento sistêmico, durante a elaboração de um projeto[1], surge das interações e relações entre as suas etapas, embora saibamos que estas não são isoladas e que a natureza do todo é sempre diferente da simples soma de suas partes.

2.1 Relações entre os fatores do projeto

O projeto é o instrumento de interligação do plano prescritivo, que define como um arranjo pode ser construído mediante procedimentos e ações, juntamente com o plano qualitativo, que trata da sua natureza. É por meio dos projetos que se alocam recursos ao longo de um tempo específico, compatibilizando-os com o planejamento orçamentário, o qual é desenvolvido pelo plano qualitativo.

Essa interligação é vista por meio dos fatores[2] mercadológicos, técnicos, administrativos, jurídicos e legais, ambientais, econômicos e financeiros que, juntos, determinam parâmetros que permitem estabelecer a viabilidade ou não da implementação de um produto e/ou serviço que venha a satisfazer às necessidades de uma sociedade de consumidores.

---

1 O termo *projeto* equivale neste capítulo à expressão *projeto de investimento*.
2 Nesta obra, as partes do projeto são denominadas de *fatores*, definidos como cada um dos elementos submetidos à operação de produto, ou aquilo que contribui para um resultado.

Figura 2.1 – Relações mais importantes entre os diferentes fatores de um projeto

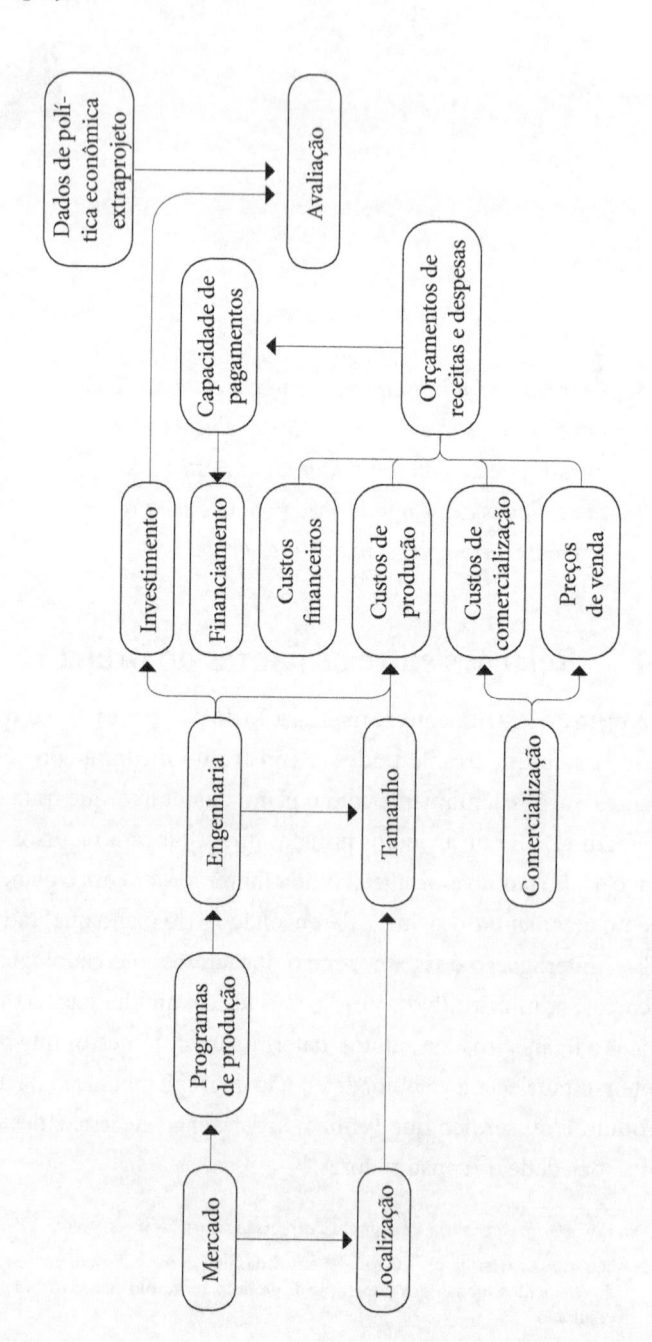

Algumas interligações, de acordo com Simonsen e Flanzer (1974, p. 28), podem ser verificadas:

> a) *O dimensionamento físico de um projeto, como o nível de produção, é condicionado por fatores de mercado. A existência de um maior ou menor mercado para certo produto poderá condicionar uma maior ou menor capacidade de produção. É a interligação entre os fatores técnicos com os fatores mercadológicos.*
> b) *O cronograma de aplicação de recursos de um empreendimento, ou seja, o escalonamento de investimentos ao longo do tempo estará ligado com o cronograma físico do empreendimento. É a interligação entre os fatores técnicos com os fatores econômico-financeiros.*
> c) *A implantação de empresas em um determinado estado ou município, atraídas pelos incentivos governamentais, induz à criação de uma direção regional da empresa. É a interligação dos fatores econômicos com os fatores administrativos.*

Por meio da análise das relações entre os diversos fatores (componentes, etapas), podemos tanto identificar os vínculos como verificar a suficiência de um projeto para, em seguida, inferirmos as viabilidades de suas partes integrantes.

2.2 Interdependência entre as etapas, os componentes e as atividades do projeto

O projeto deve ser visto e tratado como um todo, observando-se a interdependência entre os componentes que fazem parte deste, em razão de sua natureza de continuidade e aproximações, pois geralmente as atividades associadas a um processo influenciam-se mutuamente. Portanto, é importante considerarmos o desempenho simultâneo das etapas e componentes do projeto.

Os elementos fornecidos pela análise das relações entre os componentes determinam muitas das características do projeto e fornecem subsídios para que seja obtido certo equilíbrio entre os componentes considerados durante a elaboração do projeto.

Para programarmos um projeto, é necessário identificarmos quando cada etapa precisa começar e quando ela precisa ser concluída. Uma programação de projeto deve listar todas as atividades, de acordo com seus estágios, para poder estabelecer uma economia em relação aos custos associados a ele. Para darmos seguimento a esse procedimento, é importante termos a consciência de que o projeto permite uma completa análise de praticamente todas as etapas e fatores pelos quais é composto e oferece meios de organização capazes de permitirem a melhor utilização dos recursos, além de formas de adequar os procedimentos utilizados às condições existentes.

Com base nessa informação, o responsável pelo plano deve ter em mente que o procedimento adequado de análise de um projeto consiste primeiramente na consideração em separado de cada um de seus elementos constitutivos para em um segundo momento ser realizado o reagrupamento destes, recompondo a totalidade do plano geral. Essa separação é apenas didática, uma vez que as etapas e os componentes de um projeto são, na prática, inter-relacionados. Ainda assim, o sequenciamento de componentes permite, além de estabelecer prioridades, identificar o encadeamento adequado, sintetizado em um diagrama de precedência[3].

Não é possível fundamentarmos com rigidez uma sequência de atividades, etapas e componentes durante a elaboração de um projeto, posto que eles podem ocorrer simultaneamente e, em

---

3 Diagrama de precedência: Gráfico que ajuda a visualizar as decisões de sequenciamento das atividades.

cada etapa, as decisões por antecipação devem gerar informações para as demais.

> No entanto, o projeto possui uma dimensão prospectiva, isto é, permite análise sobre suas projeções. Portanto, considerando que é impossível projetar com segurança todos os fatores que entrarão em cena no futuro, todo o trabalho é iterativo[4] e se dá por aproximações sucessivas, podendo surgir a qualquer momento a necessidade de reavaliar uma etapa anterior.

As etapas são, pois, iterativas de modo a permitir que o processo se realize da forma adequada. Tendo como base tais informações, o responsável pelo projeto deve ter em mente que essas mesmas etapas e esses mesmos componentes convencionais do projeto devem se desenvolver num processo contínuo e permanente, no qual se sucedem em função dos distintos períodos programáticos aos quais se referem. Isso porque, durante cada etapa que compõe um projeto, são inúmeras as decisões exigidas de seus responsáveis, uma vez que cada decisão assumida traz consequências para as etapas subsequentes, podendo comprometer a viabilidade do projeto.

O projeto começa com a ideia de investir certa quantidade de capital em produção e/ou em serviço. Essa ideia deve ser desenvolvida por um estudo que inclui várias etapas, na qual incluímos o estudo das operações de execução do projeto, mas ao final do trajeto do plano criado.

Para que esse plano mostre resultados, é necessário assegurarmos um processo permanente de aprendizado por meio da retroalimentação, ou *feedback*[5], o que pressupõe comunicação efetiva entre todos os fatores, embora saibamos das dificuldades

---

4 Iteração: Processo de resolução de um problema mediante uma sequência de operações em que o objeto de cada uma é o resultado da que a precede.

5 *Feedback*: Ação de controle retroativo, o mesmo que *realimentação* ou *retroalimentação*.

de promovermos a análise de cada fator separadamente para depois obtermos o agregado, que é o próprio projeto.

> Por exemplo: as decisões tomadas durante a elaboração do fator mercadológico (quantidade demandada, escala de produção, preço de venda, canais de distribuição, descontos etc.) serão fundamentais para a alimentação e fundamentação do fator técnico, que trata da engenharia do projeto. Como todo o trabalho do projeto é iterativo e elaborado por aproximações sucessivas, pode surgir em qualquer fator a necessidade de voltarmos para a fase anterior.

O *feedback*, como parte do processo de planejamento, deve estar presente durante a elaboração e implementação do projeto, desde a fase inicial até a final. A avaliação do projeto deve ser documentada para estar disponível e servir de subsídio para outros projetos.

2.3 Etapas e fatores do projeto

A seguir, são detalhadas as etapas e fatores que devem integrar um projeto, sem a pretensão de apresentar uma abordagem exaustiva, mas com o objetivo de mostrar uma metodologia capaz de identificar se as diferentes partes são coerentes e compatíveis entre si, com possibilidade de comprovar suas viabilidades, condições indispensáveis à implantação de um projeto.

Procuramos desenvolver os pontos que deverão ser identificados e analisados, buscando não estabelecer uma sequência rígida de etapas e fatores para a elaboração do projeto. A delimitação exata de cada etapa é impossível e pode ocorrer entre as fases "faixas de superposição", em que uma etapa é iniciada antes da conclusão da anterior.

2.3.1 Introdução

Na introdução, o projeto é apresentado como um todo, sem detalhes. Ela tem a finalidade de informar ao leitor do que exatamente trata o projeto, a razão pela qual foi escrito e o que se espera em termos de resultados.

Essa parte textual do projeto deve conter somente os principais tópicos do projeto, que são os seguintes:

- demonstrar a ordem de exposição e o assunto, apresentado de forma clara a finalidade, traduzida por meio do objetivo geral e dos específicos;
- a justificativa, o ponto de vista com base no qual é tratado o assunto abordado no projeto;
- a macro e microlocalização do empreendimento;
- o volume de recursos estimados para elaboração e implementação do projeto;
- os resultados que poderão ser obtidos e suas utilidades, isto é, as perspectivas do projeto.

A **justificativa** é um dos elementos de maior contribuição direta para a aprovação de projeto pelas entidades financiadoras, pois descreve o problema que o projeto vai solucionar.

Nessa parte do texto, deve ficar claro que o projeto é uma resposta a determinado "problema" percebido e identificado pela entidade proponente no diagnóstico, devendo estar fundamentada e suportada por meio de dados e informações obtidas nas etapas e componentes do projeto. Devem ficar evidenciadas as razões tanto de ordem teórica como prática. Também deve ser definida, com clareza, a perspectiva do projeto, explicitando os resultados e benefícios que serão obtidos.

Algumas questões podem ajudar a fundamentar a justificativa:

- Qual a importância desse produto e/ou serviço para a comunidade?
- Existem outros projetos semelhantes sendo desenvolvidos nessa região ou nessa temática?
- Qual a possível relação e as possíveis atividades semelhantes ou complementares entre eles e o projeto proposto?
- Quais os benefícios econômicos, sociais e ambientais a serem alcançados pela comunidade e os resultados para a região?

A introdução deve ser feita após o término da escrita do projeto, pois é nesse momento que se tem uma visão melhor deste como um todo.

Após identificada a oportunidade de elaboração de um projeto, precisamos partir para um levantamento de dados e informações que possam caracterizá-lo. Tal tarefa é realizada por meio da explicação da situação-problema, em outras palavras, por meio do diagnóstico, assunto que exploraremos na seção a seguir.

2.3.2 Diagnóstico

O ponto de partida de qualquer projeto é a elaboração do diagnóstico, o que nos permite o conhecimento da realidade em que ele está inserido. Ele é o levantamento da situação atual, o que está acontecendo em um determinado momento, devendo seu produto final conter as ações priorizadas, ressaltando que, para cada problema diagnosticado, haverá uma série de opções tecnológicas, de procedimentos ou de ações de desenvolvimento que podem ser operacionalizadas.

Quando elaborado o diagnóstico, é possível efetuarmos o prognóstico, que reflete a tendência, os objetivos e as aspirações a serem alcançados por meio do empreendimento que pretendemos implantar, supondo que não se modifiquem as expectativas rotineiras quanto aos instrumentos e quanto às formas de uso destes durante o período considerado do projeto. Entre os principais problemas na elaboração do diagnóstico, podemos fazer referência à identificação da informação primária de que se necessita e do período que convém se analisar.

No entanto, é importante ressaltarmos uma das funções vitais desse estágio do projeto: analisar criticamente a situação atual do problema que está se tentando resolver. Isso significa que é um processo pelo qual é possível diferenciarmos uma situação atual (o que é) de uma normativa ou prognosticada (o que deve ser). De acordo com as palavras de Gastal (1980, p. 145):

> *Elaborar um diagnóstico consiste em precisar a natureza e as dimensões dos problemas que afetam a atividade que se examina. Sua realização envolve dois grandes componentes: inventário, com a recompilação e realização de estudos que propiciem as informações necessárias, e a fase de crítica, na qual é analisada e interpretada a informação disponível em função das finalidades para as quais se realiza o diagnóstico.*

Podemos dizer que os diagnósticos tornam o conhecimento um instrumento para a compreensão da realidade e a possível intervenção nesta, razão pela qual, embora tenham surgido com base nos trabalhos de pesquisa com enfoque sistêmico[6], são atualmente empregados em ações de desenvolvimento bem mais amplas.

Essa fase do projeto utiliza variáveis quantitativas e instrumentos da análise estatística. Sua eficácia se deve à qualidade e à consistência das informações obtidas durante a sua elaboração. É uma etapa muito importante, pois o projeto necessita de quanti-

---

6 Enfoque sistêmico: Método analítico apropriado para compreender a complexidade de temas específicos. O conceito sistêmico exprime em conjunto a unidade, a multiplicidade, a diversidade, a organização e a complexidade.

ficações, principalmente no que se refere aos fatores mercadológicos e econômico-financeiros.

De acordo com Bernstein (1997, p. 202):

> Podemos reunir grandes e pequenas porções de informações, mas nunca conseguimos juntar todas as peças. Nunca conhecemos ao certo a qualidade de nossa amostra. Essa incerteza é o que torna tão difícil chegar a julgamentos e tão arriscado agir baseado neles. Não podemos sequer ter 100% de certeza de que o Sol nascerá amanhã de manhã: os antigos que previam esse evento trabalharam com uma amostra limitada da história do universo.

No entanto, por meio do diagnóstico é possível adquirirmos o conhecimento e a compreensão da estrutura e do funcionamento dos sistemas de produção, tendo em vista os fatores externos que condicionam a tomada de decisão, pois o resultado do diagnóstico é um elenco de ações de várias naturezas, priorizadas segundo critérios estabelecidos pelos atores envolvidos no projeto. Ele não preconiza procedimentos-padrão, pois as técnicas para sua elaboração dependem dos objetivos, das condições locais, do tempo disponível e da habilidade dos técnicos.

Veja um exemplo de diagnóstico: A cidade de Curitiba, Paraná, conta hoje com um contigente populacional de 1,74 milhão de habitantes. A frota de carros do município paranaense, por sua vez, é de 890 mil automóveis, o que significa uma proporção de 1 carro para cada 2 habitantes, aproximadamente (Tavares, 2011). Ou seja, a frota cresceu e, com ela, os problemas de poluição, trânsito lento e aumento do número de acidentes. Esse levantamento da situação atual permite afirmar que é necessária a substituição da tecnologia de controle de tráfego utilizada, a qual tem se mostrado inadequada, por outro sistema mais eficiente de controle. Nesse diagnóstico também devem constar os dados de acidentes com pessoas, automóveis, congestionamentos e estresse dos motoristas.

Como todas as partes constituintes do projeto, o diagnóstico também possui um conjunto de fases a serem respeitadas e analisadas com acurácia. Veja a seguir um detalhamento dessas fases.

Fases do diagnóstico

A elaboração do diagnóstico é uma leitura especial da realidade e é feita sempre em função de alguma necessidade ou algum interesse. Para facilitar sua elaboração, ele foi dividido em duas partes, mas devemos ressaltar que todas elas devem permitir a compreensão, identificação e relação das perspectivas com base nos dados e nas informações obtidas.

Um diagnóstico pode ser dividido em levantamento da situação atual e análise dos levantamentos realizados.

- **Levantamento da situação atual:** É um procedimento ou descrição caracterizadora que permite a ampliação do conhecimento sobre determinada situação, podendo ser elaborado por meio da análise SWOT[7], isto é, através da identificação de pontos fortes, fracos, de oportunidades e de ameaças. Dessa forma, podemos aliar as forças às oportunidades e descobrir como superar fraquezas e ameaças.
Esse levantamento também pode ser feito por meio de pesquisa, interna e externa, utilizando-se entrevistas com pessoas envolvidas no ramo que se deseja

---

7 Do inglês *strenghts* (forças), *weaknesses* (fraquezas), *opportunities* (oportunidades) e *threats* (ameaças).

prospectar. Lembramos que uma investigação deve detalhar os elementos considerados importantes e disponíveis para clarear uma determinada situação

- **Análise dos levantamentos realizados**: O próximo passo é identificar e avaliar as principais causas dos problemas detectados, bem como possíveis soluções, de modo que essas informações contribuam para a avaliação global da situação identificada anteriormente. Posteriormente, é desenvolvido um plano de recomendações, no qual são propostas ações detalhadas e procedimentos para sua implantação e no qual são relacionados os resultados esperados.

Um diagnóstico deve identificar e analisar as relações qualitativas e quantitativas, os resultados que estão sendo obtidos, os instrumentos que estão sendo utilizados no projeto e o meio no qual está ele está ocorrendo.

Para obtermos informações eficazes sobre a quantificação das relações entre os resultados, os instrumentos e o meio no qual se está realizando o diagnóstico, é necessária a identificação das **variáveis exógenas** e **endógenas** que possuem maior influência sobre os resultados. Assim, com base no diagnóstico, é possível ampliarmos a capacidade de observação do ambiente e fazer uma leitura especial da realidade.

A análise da realidade na qual projeto está inserido é uma tarefa complexa, pois exige o detalhamento de todos os elementos julgados importantes e disponíveis em uma situação determinada, bem como a capacidade por parte do elaborador do projeto de perceber e compreender relações e tendências com base nos dados e nas informações coletados. As tarefas de diagnóstico e execução são técnicas, porém são políticas as tarefas de optar por objetivos e definir diretrizes.

Após a compreensão da problemática, partimos para a formulação dos objetivos e das metas do projeto, tema tratado na seção a seguir.

2.3.3 Estabelecimento dos objetivos e das metas

O projeto não deve ser iniciado sem que os objetivos estejam claros e sem que sejam definidas e asseguradas a realização das atividades e a disponibilização dos recursos.

O estabelecimento dos objetivos é a segunda etapa do planejamento do projeto e estes devem ser entendidos como o resultado futuro que pretendemos atingir. Eles devem ser claramente definidos, de forma que a verificação dos resultados futuros possa ser feita de modo adequado e racional, referindo-se aos aspectos mais significativos, como a correlação entre a causa e o efeito de determinado problema.

Como a empresa é um organismo vivo inserido em um ambiente mutável, os seus objetivos podem sofrer alterações ao longo do tempo em função de mudanças internas ou externas e, com isso, todos os demais fatores na elaboração do projeto devem seguir essas transformações.

Para atingirmos um nível razoável de eficácia, Gastal (1980, p. 23-24) afirma que os objetivos devem preencher pelo menos três requisitos:

a) permitir demonstrar que são realistas, isto é, viáveis;

b) assegurar que os meios são os melhores disponíveis para atingir as finalidades propostas ou que, pelo menos, são eficazes;

c) permitir comprovar se os objetivos e os meios são compatíveis entre si.

De acordo com a sua abrangência, os objetivos podem ser **gerais** ou **específicos**. Os objetivos gerais indicam uma ação muito ampla sobre o projeto, enquanto os específicos procuram descrever as ações pormenorizadas e os mecanismos necessários para a consecução do geral.

> O objetivo geral, portanto, deve caracterizar de forma precisa o que pretendemos com o projeto proposto, enquanto os objetivos específicos devem traduzir como o trabalho será implementado, ou seja, devem sequenciar o caminho a ser percorrido pelo elaborador do projeto, desde o enfoque do referencial teórico que dará suporte à pesquisa, passando pela indicação da proposta de como serão produzidos os dados e chegando à definição dos resultados esperados.

É fundamental a distinção entre enunciação e definição de objetivos. A proposição de "aumentar a produtividade de milho", por exemplo, é um objetivo. A proposição de "obter, no prazo de cinco anos, o conhecimento que permite aumentar o rendimento do milho em 30% no Estado do Paraná" representa uma definição de metas.

Para definirmos uma meta, são necessários (conforme o exemplo anterior):

- **Objeto da ação**: Espaço geográfico (Paraná).
- **Quantificação do objeto**: Conhecimento que permite aumento de 30% do rendimento em relação ao atual.
- **Fixação de um prazo**: Cinco anos.

Um objetivo, definido dessa forma, pode ser chamado de *meta*.

Na maior parte das situações, tanto os indivíduos como os grupos de pessoas não visam a objetivos isolados, mas a um conjunto de objetivos, da mesma forma que, em geral, não se abordam problemas isolados, mas sistemas de problemas.

Independentemente dos valores que possamos alcançar com melhor alocação e utilização dos recursos, as metas são definidas com base em:

- provisão dos recursos possíveis de que podemos dispor;
- avaliação das vantagens de dedicarmos mais recursos a determinadas alternativas em relação a outras;
- avaliação das dificuldades mercadológicas, técnicas e econômico-financeiras que podem contrapor-se às metas otimistas.

É necessário estabelecermos uma ordem de preferência, ou grau de prioridade, para cada uma das ações preconizadas. O critério principal de prioridade, durante a elaboração dos diversos componentes de um projeto, é o de maximizarmos o produto por unidade de instrumento utilizado ou, o que resulta na mesma situação, minimizarmos a quantidade de instrumentos usados por unidade de produto obtido. As atividades não devem ser realizadas em detrimento de outras. Por exemplo: podemos diminuir os custos de um produto com a utilização de menor quantidade ou de outro tipo de insumo, desde que isso não interfira em sua qualidade.

Devemos abordar também a questão dos *trade-offs* entre os critérios competitivos, ou seja, devemos analisar as incompatibilidades entre dois ou mais critérios ou as situações em que a melhoria de um critério pode implicar um impacto negativo no outro. Por exemplo: se existir um *trade-off* entre custo e flexibilidade, isso significa que o aumento da flexibilidade causará um impacto negativo no custo.

Maria Alice Soares Consalter

Para auxiliar no processo de decisão, os objetivos devem ser definidos em curto, médio e longo prazo, além de serem qualificados, quantificados, mensurados, definidos no tempo, devendo ser também viáveis e, de preferência, desafiadores para os elaboradores de projetos.

Em princípio, existem dois enfoques para estabelecermos as metas dentro do período programático:

- é formulado um conjunto de metas prioritárias, realistas e compatíveis entre si, para então identificarmos os instrumentos necessários para alcançá-las;
- é realizada uma estimativa da quantidade e do tipo de instrumentos de que podemos dispor, ou uma confrontação entre esses dados; em seguida, estes são distribuímos nas diversas atividades, procurando maximizar sua utilização.

O sucesso de um projeto pode ser expresso quando os objetivos e as metas foram alcançados, isto é, quando obtivemos algo desejado da forma como foi planejado e os resultados globais foram cumpridos dentro do prazo e do orçamento projetado.

Após estabelecermos os objetivos e as metas, precisamos caracterizar o produto e/ou serviço e efetuar seu enquadramento no mercado.

2.3.4 Fator mercadológico

O potencial de mercado significa tanto o tamanho atual do mercado quanto as projeções de crescimento para um determinado produto ou serviço.

De acordo com Razzolini Filho (2010, p. 33), produto é um conjunto de atributos que o caracterizam e definem sua configuração sob a ótica do consumidor ou usuário. Ou seja, um produto apresenta tanto componentes tangíveis (palpáveis) quanto componentes intangíveis. As pessoas não compram o **produto genérico** (o que o produto pode fazer por elas), elas compram o **produto ampliado** (o que elas esperam que o produto faça por elas). Isso significa que devemos entender o produto de uma forma mais abrangente, o que inclui conhecer as necessidades e os desejos das pessoas e como estas se comportam em função dessas necessidades e desejo. Somente quando compreendemos isso é que podemos oferecer às pessoas produtos e serviços que as satisfaçam, que representem benefícios para elas.

> Nesse componente, devemos apresentar as origens dos produtos a serem oferecidos – suas múltiplas aplicações, o mercado potencial, a importância desse mercado e o motivo que levou ao desejo de constituir o empreendimento. Devemos apresentar a produção atual, a demanda nacional e/ou mundial e suas variações nos últimos anos, bem como a tendência do mercado nos próximos anos. Devemos, ainda, apresentar as fontes das quais foram extraídos os dados apresentados.

O componente mercadológico engloba um conjunto de atividades orientadas para antever as vendas e os preços de certo produto/serviço com a finalidade de estimar as receitas futuras, envolvendo também projeções das vendas e dos preços, ano a ano, dentro de um horizonte de planejamento definido. De acordo com Souza e Clemente (1998, p. 239):

Um dos problemas que tem acompanhado os administradores ao longo dos tempos é decidir sobre a quantidade a ser produzida. O conflito é evidente: produzir a mais gera custos desnecessários; produzir a menos gera custos de não atendimento, desgaste na imagem da empresa e perda de clientes.

Esse conflito nos permite, portanto, compreender que um dos pontos básicos dos fatores mercadológicos do projeto é alcançar o equilíbrio.

Nesse componente, devem ser evidenciadas as atuais condições dos mercados e as perspectivas futuras, de forma a demonstrarmos o enquadramento e a adequabilidade do projeto que estamos propondo. **Nesse caso, um dos aspectos mais importantes do componente mercadológico são as hipóteses, que, se incorretas, provocam erros nas projeções e comprometem todo o projeto.**

Alguns aspectos fundamentais que devem ser detalhados na análise de mercado são os relativos ao produto, à produção, ao consumo nacional e internacional e à escala de produção e comercialização.

Os seguintes aspectos relativos ao produto, à produção e ao consumo devem ser detalhados, de acordo com Simonsen e Flanzer (1974, p. 121):

a) produto e/ou serviços e seus vários usos ou ramo de negócios e seus utilitários: detalhar as características técnicas do produto, vida útil, exigências normativas e legais e as atitudes normais dos consumidores em relação ao produto;

b) produção nacional e internacional: detalhar o volume de Importação, Exportação, Renda Nacional, População e Renda per capita;

c) oferta e área de mercado do produto;

d) métodos e hábitos do mercado: mostrar as formas pelas quais são satisfeitas as necessidades da população pelos produtos fabricados;

e) competição do mercado: deve ser identificado o tipo de competição existente no mercado com relação a produtos similares, hábitos dos concorrentes, bem como as características de seus produtos e respectivos preços;

f) curva da oferta: consiste em apresentar os preços históricos, transformados em preços reais, relacionados às quantidades ofertadas por unidade conveniente. A fonte pode ser o IBGE [Instituto Brasileiro de Geografia e Estatística], Federações de Indústria e Comércio, Empresas Públicas etc.;

g) *curva da demanda*: para caracterização da demanda passada e atual, aparente e efetiva são apresentados os dados referentes aos últimos anos de interesse (5, 10, 15 ou mais). Apresentar:

– demanda aparente = Produção + Importação – Exportação;

– demanda efetiva = demanda real (das pesquisas), a qual não considera os produtos em estoque;

– demanda nacional e internacional – mostrar a demanda total no país em confronto com as demandas nos principais países consumidores;

– previsão da demanda futura – considerando as demandas registradas nos últimos anos, é apresentada uma previsão da demanda futura;

h) *consumo*: deve ser apresentado por áreas geográficas, como estados e regiões, e consumo por faixa etária, sexo, nível cultural;

i) estabelecer o confronto entre demanda e oferta;

j) relacionar os produtores atuais e os planos de ampliação em andamento;

k) *escoamento físico da produção do projeto*: apresentar os preços do produto no mercado nacional e internacional. Preço FOB – (Free on board) – Preço livre a bordo e CIF – (Cost, Insurance and Freight) – custo, seguro e frete, preço à vista, a prazo etc.;

l) *público-alvo*: definir o público-alvo, isto é, o consumidor potencial da empresa no nicho de mercado identificando seus hábitos de compra, faixa de renda, nível cultural, hábitos de leitura.

O **sistema de mercado** é um sistema de preços e precisa de padrões objetivos para determinar a equivalência de bens e serviços. Os custos e os lucros precisam ser rigorosamente calculados. Portanto, nesse componente, devemos identificar as atividades e as informações que demonstrem a viabilidade mercadológica do projeto em questão e de que forma ocorre seu enquadramento no mercado.

Para os projetos que disponibilizam determinado serviço, a **viabilidade mercadológica** pode também ser feita por meio do prognóstico, mas baseada no diagnóstico, isto é, avaliamos a tendência da situação com ou sem a implantação do projeto.

A viabilidade mercadológica fica evidenciada quando os dados demonstram que há necessidade de determinados produtos ou serviços serem lançados no mercado, ressaltando as implicações negativas, se não forem produzidos ou disponibilizados.

As informações para o estudo de mercado podem ser retiradas de:

- **Informações primárias**: Geradas pelo próprio elaborador do projeto.
- **Informações secundárias**: Obtidas em sindicatos, cooperativas, associações ou revistas especializadas.
- *Surveys*: Aplicação de questionários com questões importantes para avaliar a oferta e a demanda.
- **Técnica Delphi**: Consulta a especialistas do ramo de negócios sobre o mercado em que irá inserir-se o projeto.
- **Experimentação de mercado**: É lançado o produto em um mercado-piloto e, com base nos dados coletados, estima-se sua aceitabilidade.

Dois mecanismos operantes no contexto mercadológico merecem atenção especial: a **escala de produção** e a **comercialização**.

A **escala de produção** depende, dentre outros fatores, do estudo do mercado, da localização da empresa e dos aspectos técnicos, além do tipo de insumo utilizado no processo de produção. A existência de economias de escala pode ser um fator determinante na escolha de determinada capacidade de produção, pois as considerações de engenharia do projeto e/ou o desenvolvimento esperado da tecnologia também podem vir a influir bastante na seleção do tamanho da fábrica/firma/organização.

Devemos considerar, nesse caso:

- o programa de produção, que abrange o detalhamento do sistema de produção;
- o detalhamento das economias externas, isto é, pontos positivos, como empregos a serem criados;
- a identificação de gastos com a infraestrutura necessária para operacionalização do projeto.

A economia de escala[8] é, dessa forma, um dos fatores operacionais internos que aumentam a competitividade das empresas, pois permite definir, entre outras vantagens, a capacidade de reduzir custos por unidade devido ao aumento do volume de produção.

A seleção do **canal de comercialização**, por sua vez, depende do tipo de produto, do público-alvo e dos canais de distribuição já estabelecidos. Devemos identificar os possíveis canais de distribuição, que definem a forma de chegarmos até o público-alvo, a empresa que possui a distribuição mais capilarizada e a relação custo *versus* benefício de cada canal. Devemos apresentar alguns comentários sobre os canais de comercialização de acordo com Souza e Clemente (1998, p. 77):

- **Práticas comerciais usuais**: É preciso considerarmos a frequência das compras, a ordem das quantidades, dos prazos e sabermos se o preço inclui frete e seguro (CIF) ou não (FOB).

---

8 Economia de escala: Produção de bens em grande volume, graças à racionalização intensiva da produção, resultando em diminuição de gastos.

- **Políticas de estoques adotadas**: São relevantes pelo fato de apresentarem implicação direta sobre o programa de produção, cabendo considerar também a sensibilidade de tais políticas às taxas de juro e de inflação e às condições conjunturais em geral.
- **Porte e capacidade financeira dos agentes envolvidos**: Cabe considerarmos tanto o poder econômico dos concorrentes quanto dos compradores.
- **Possibilidades de mudanças**: Os canais de comercialização podem variar entre regiões e países e, sobretudo, podem variar ao longo do tempo. Uma tendência importante nos dias atuas, por exemplo, é o fornecimento direto do produtor agrícola ou industrial ao comércio varejista.

Observe um modelo simplificado de canal de comercialização na Figura 2.2 a seguir.

Figura 2.2 – Representação esquemática de um canal de comercialização

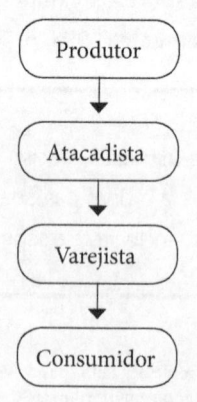

```
Produtor
   ↓
Atacadista
   ↓
Varejista
   ↓
Consumidor
```

Fonte: Woiler; Mathias, 1994, p. 63.

No Brasil, houve uma busca por melhoria de redes de suprimento e da cadeia logística como um todo em um esforço para diminuir os custos totais. A visão estratégica na distribuição e comercialização dos produtos, além de melhorar o fluxo logístico, representa um dos aspectos diferenciadores fundamentais de uma empresa em relação às demais.

Os componentes do fator mercadológico irão condicionar os fatores técnicos, isto é, a existência de uma maior ou menor capacidade de produção influenciará na engenharia do projeto (tecnologia, localização e cronograma físico).

2.3.5 Fator técnico

Um dos pontos básicos para o sucesso de qualquer empreendimento é que os elaboradores de projeto tenham respaldo técnico. Os padrões técnicos especificados devem ser atingidos de acordo com o melhor conhecimento técnico disponível.

O objetivo do componente técnico é demonstrar que nenhum problema de engenharia do projeto constitui impedimento à fabricação do produto ou operacionalização do serviço do projeto, pois os elementos desse componente constituem a base física da elaboração dos cronogramas físicos e financeiros para a implantação do projeto e das projeções de resultados.

Antes de elaborarmos esse componente, devemos detalhar o escopo e a estrutura analítica do projeto (EAP) utilizada no cronograma físico do projeto.

O escopo pode ser dividido em duas partes, segundo Maximiano (2002, p. 64):

- **Escopo do projeto**: Define detalhadamente e quantifica o trabalho necessário e descreve os processos requeridos para gerar um produto ou disponibilizar um serviço. Torna evidentes os itens que o projeto vai ou não fazer e seu grau e nível de detalhes pode determinar sua eficácia. Exemplo: para um programa de treinamento, deverão ser fornecidos os seguintes itens – curso com material didático específico, o local de realização, refeições, TV e vídeo e uma secretaria de apoio, tanto para os participantes como para os instrutores. A declaração do escopo pode ser utilizada como um acordo entre a equipe e o cliente do projeto.
- **Escopo do produto**: São definidas e delimitadas as funções e as características do produto ou do serviço, entre elas especificações, medições ou outros detalhes que identificam o produto ou serviço gerado pelo projeto. Se o projeto consiste em fabricar calçados, por exemplo, a descrição do produto deverá conter informações específicas como tamanho, cor, tipo de material utilizado e outras informações que descrevem o produto.

A Figura 2.3 a seguir mostra o escopo do projeto e do produto.

Figura 2.3 – Escopo do projeto e do produto

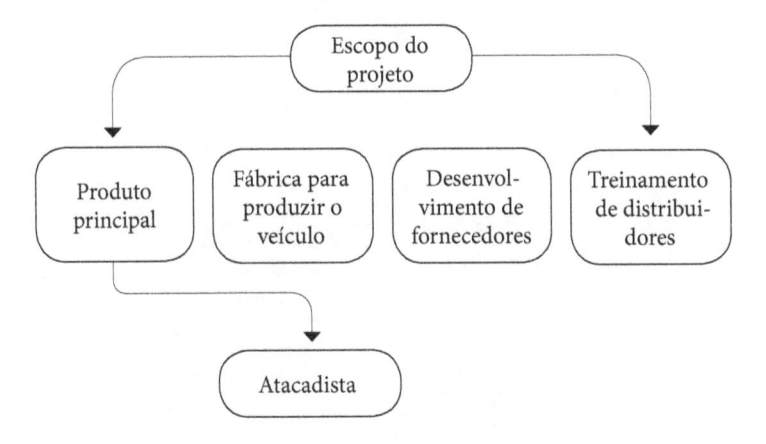

```
                    ┌─────────────┐
                    │  Escopo do  │
                    │   projeto   │
                    └─────────────┘
         ┌──────────────┬─────────────┬──────────────┐
         ▼              ▼             ▼              ▼
   ┌──────────┐  ┌────────────┐ ┌────────────┐ ┌────────────┐
   │ Produto  │  │ Fábrica para│ │ Desenvol-  │ │ Treinamento│
   │ principal│  │  produzir o │ │ vimento de │ │ de distribui-│
   │          │  │   veículo   │ │ fornecedores│ │   dores    │
   └──────────┘  └────────────┘ └────────────┘ └────────────┘
         │
         ▼
   ┌──────────┐
   │ Atacadista│
   └──────────┘
```

Fonte: Maximiano, 2002, p. 57.

O desdobramento da estrutura do projeto, ou *work breakdown structure* (WBS), ou, ainda, estrutura de decomposição do produto (EDP), tem a finalidade de evidenciar todo trabalho necessário num determinado projeto. É uma estruturação lógica das tarefas a serem desenvolvidas.

Segundo o PMI (2000, p. 54), a EAP é um agrupamento orientado ao subproduto (*deliverable-oriented*) dos elementos do projeto que organiza e define o escopo total do projeto. O trabalho que não está na EAP está fora do escopo do projeto.

Por meio dessa estrutura, podemos fazer a ligação entre o produto e/ou serviço e o planejamento das atividades. De acordo com Valeriano (2001, p. 2), a EAP representa o produto dividido em suas partes lógicas, inter-relacionadas hierarquicamente, com itens e componentes integrados até se chegar ao produto final.

A Figura 2.4 a seguir mostra uma lista ilustrativa das tarefas, não tendo a intenção de representar o escopo completo do projeto, mas de apresentar uma das formas de organizá-lo.

Figura 2.4 – Lista de tarefas a partir da EAP

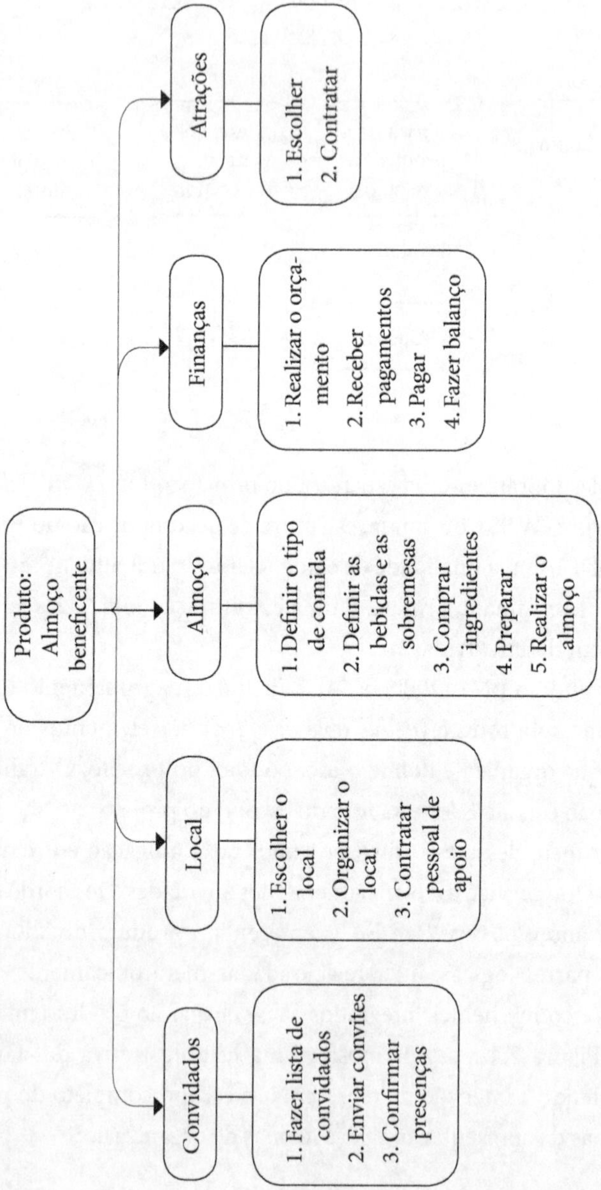

```
Produto:
Almoço
beneficente
├─► Convidados
│     1. Fazer lista de
│        convidados
│     2. Enviar convites
│     3. Confirmar
│        presenças
│
├─► Local
│     1. Escolher o
│        local
│     2. Organizar o
│        local
│     3. Contratar
│        pessoal de
│        apoio
│
├─► Almoço
│     1. Definir o tipo
│        de comida
│     2. Definir as
│        bebidas e as
│        sobremesas
│     3. Comprar
│        ingredientes
│     4. Preparar
│     5. Realizar o
│        almoço
│
├─► Finanças
│     1. Realizar o orça-
│        mento
│     2. Receber
│        pagamentos
│     3. Pagar
│     4. Fazer balanço
│
└─► Atrações
      1. Escolher
      2. Contratar
```

Fonte: Adaptado de Maximiano, 2002, p. 78.

2.3.6 Ciclo de vida do produto

É imprescindível considerarmos, no ciclo de vida do projeto, as atividades que não são vistas na EAP, tanto as ligadas ao produto como ao projeto, tais como reuniões de planejamento, visitas a fornecedores, preparo de relatórios, prestação de contas do projeto etc.

O ciclo de vida do projeto é formado por uma série de fases, desde sua concepção até a conclusão.

De acordo com Keeling (2002, p. 13), a compreensão do ciclo de vida do projeto é importante para o sucesso na gestão de projetos, pois acontecimentos significativos ocorrem em progressão lógica e cada fase deve ser devidamente planejada e administrada.

Ainda de acordo com Keeling (2002, p. 14), as fases ou estágios do ciclo de vida do projeto são as seguintes:

- *Conceituação ou iniciação: Esse é o ponto de partida, começando com a semente de uma ideia, uma consciência da necessidade ou um desejo de algum desenvolvimento ou de melhoria importantes. As metas preliminares e ideias sobre os custos-benefícios potenciais do projeto são nesse momento consideradas, bem como a viabilidade e as perspectivas a respeito deste recebem avaliação inicial, eventualmente com ideias sobre as áreas problemáticas, com abordagens alternativas e soluções para as dificuldades indicadas.*
- *Planejamento ou estruturação: O planejamento formal tem início no momento em que é decidido o prosseguimento do projeto. Quando atingida essa fase, as ideias sobre objetivos e alguns aspectos do plano já terão recebido as considerações iniciais. Estes deverão, em virtude disso, devidamente revistos e esclarecidos. Para o planejamento da estrutura e administração do projeto serão nomeados um gerente e sua respectiva equipe. Planos de atividades, finanças e recursos serão desenvolvidos e integrados com o padrão de comunicação, normas de qualidade, segurança e administração.*

- **Implementação ou execução:** Esse é um período de atividade concentrada, quando os planos são postos em operação. Cada atividade é monitorada, controlada e coordenada para alcançar os objetivos do projeto. A eficiência do trabalho estará diretamente associada à qualidade dos planos já formulados, à eficácia da administração, à tecnologia angariada, à liderança escolhida e ao controle imposto ao processo. As análises de progresso são realizadas e os planos atualizados ou revistos, quando necessário.
- **Conclusão:** Essa fase inclui a preparação para conclusão e para entrega do produto ou serviço, atribuição de deveres e responsabilidades de acompanhamento, tais como descarte do maquinário e equipamentos, encerramento de contas bancárias ou fechamento de instalações de desenho, avaliação de desempenho e transferência de pessoal de projeto, visitas de cortesia e formalidades semelhantes, análise e avaliação de projeto, preparação e apresentação do relatório de encerramento. Em alguns casos pode haver uma avaliação posterior para calcular a continuidade dos efeitos do projeto depois que seus resultados estiverem em prática por um período razoável de tempo.
- **Controle:** Deve ser simultâneo às diversas fases, pois sem controle não há gerenciamento.

Figura 2.5 – Ciclo de vida genérico de um projeto

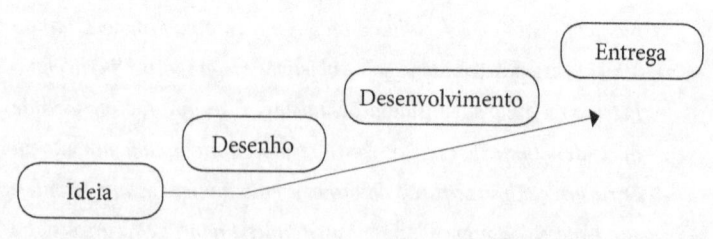

Ideia → Desenho → Desenvolvimento → Entrega

Fonte: Maximiano, 2002, p. 47.

Cada tipo de projeto possui um tipo de ciclo de vida específico, com maior ou menor número de determinadas fases. O ciclo de vida do projeto também é um instrumento de qualidade, pois as expectativas de qualidade podem ser estabelecidas entre uma fase e outra.

Toda a equipe do projeto deve criar durante a fase de planejamento um esboço do produto ou serviço que será disponibilizado juntamente com as estimativas preliminares de prazo e custo, que formam um esboço do plano operacional.

A concepção do produto, até seu modelo final, deve ser administrada como a primeira fase de um projeto.

Devemos ressaltar que todo ciclo tem um começo, um meio e um fim. Quando falamos em ciclo de vida do produto durante a elaboração de um projeto, devemos nos perguntar:

- Qual é o início da vida do produto?
- Como o produto se desenvolve ao longo do ciclo de vida do projeto?
- De que forma a vida do produto chega ao fim?

O ciclo de vida do produto, durante a elaboração de um projeto, tem início no momento em que uma ideia é concebida, passando pelo período de desenvolvimento, que resulta em sua transformação concreta em um produto entregue para o cliente do projeto.

Baseando-nos em Razzolini Filho (2010, p. 79), podemos afirmar que a elaboração de um produto ou a disponibilização de um serviço tem início com a geração e a triagem de novas ideias, sendo seguindas do desenvolvimento e do teste do conceito.

- **Geração e triagem da ideia**: Permite obter informações diretamente dos clientes do projeto sobre suas necessidades e/ou desejos não satisfeitos.
- **Desenvolvimento e teste do conceito**: Após a seleção da ideia básica de um novo produto, há necessidade do exercício de um conceito para o referido produto. O conceito do produto pode ser entendido como a definição das características, vantagens e benefícios que o produto pretende oferecer ao cliente.
- **Protótipo do produto**: Um protótipo deve ser compreendido como um exemplar. Um modelo daquilo que se transformará no produto mais tarde. Os protótipos permitem a fácil visualização do conceito do produto, a análise das tecnologias necessárias para a produção e, ainda, as mudanças nas ideias que ocorrerem durante o processo. Não adianta termos uma ideia maravilhosa sobre um produto se ele não apresentar possibilidades técnicas de produção, além da viabilidade econômico-financeira.
- **Entrega do produto**: Após o desenvolvimento final do produto, ele é testado, aprovado pela equipe envolvida no projeto (gerente, cliente, organização executora e patrocinador) e finalmente e entregue.

A Figura 2.6 a seguir mostra um modelo de processo de desenvolvimento de um novo produto.

Figura 2.6 – Modelo de processo para concepção de um novo produto

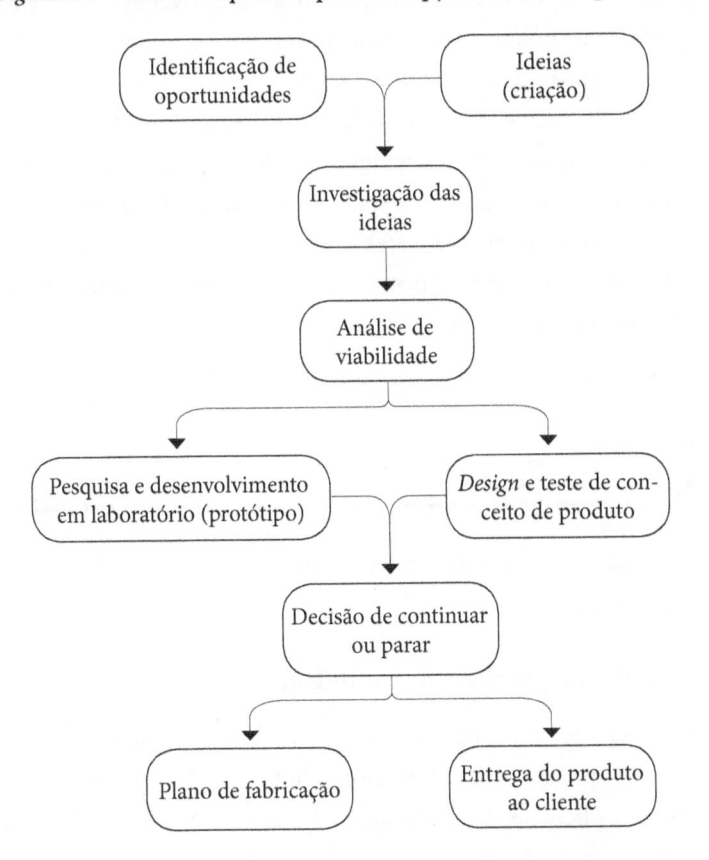

```
    ┌─────────────────┐          ┌─────────────┐
    │ Identificação de│          │   Ideias    │
    │  oportunidades  │          │  (criação)  │
    └─────────────────┘          └─────────────┘
                    │                │
                    ▼                ▼
                ┌──────────────────┐
                │ Investigação das │
                │      ideias      │
                └──────────────────┘
                         │
                         ▼
                ┌──────────────────┐
                │    Análise de    │
                │   viabilidade    │
                └──────────────────┘
                   │            │
                   ▼            ▼
    ┌──────────────────────────┐  ┌──────────────────────┐
    │ Pesquisa e desenvolvimento│  │ Design e teste de con-│
    │  em laboratório (protótipo)│  │  ceito de produto    │
    └──────────────────────────┘  └──────────────────────┘
                         │
                         ▼
                ┌──────────────────┐
                │ Decisão de continuar│
                │     ou parar     │
                └──────────────────┘
                   │            │
                   ▼            ▼
        ┌──────────────────┐  ┌──────────────────┐
        │ Plano de fabricação│  │ Entrega do produto│
        │                  │  │    ao cliente    │
        └──────────────────┘  └──────────────────┘
```

Fonte: Adaptado de Bell[9], 1979, p. 224.

A abordagem técnica do projeto também conta com uma poderosa ferramenta denominada de *engenharia do projeto*, cujo objetivo consiste em permitir que o processo de produção, os equipamentos e as instalações sejam identificados para tornar possível o cálculo dos custos do investimento e de operação do sistema, tratando dos requisitos técnicos para o cumprimento do programa de produção relativamente a investimentos fixos, matérias-primas, mão de obra e outros insumos (água, energia,

---

9 Tradução nossa.

transportes, material de embalagem, combustível etc.), além do processo tecnológico, do regime de produção e do fluxo de produção. O estudo de engenharia proporciona informações sobre o estudo de mercado, o tamanho e a localização da unidade de produção, o esquema de financiamento, o tipo de mão de obra requerida e serviços auxiliares e, inclusive, quanto a problemas legais, como patentes e marcas.

Os fatores técnicos reúnem os elementos relativos à engenharia do projeto, quais sejam:

- tecnologia – processo de produção;
- localização;
- tamanho – cronograma físico.

Veremos cada um desses fatores de forma mais detalhada nas subseções a seguir.

Tecnologia: processo de produção

Pode ser definida como a forma pela qual uma organização transforma seus insumos em produtos e/ou serviços, obedecendo a padrões de operações técnicas ordenados de forma coerente, desde o tratamento do insumo até a obtenção do produto final. Nos fatores técnicos, devemos demonstrar que nenhum problema especial de engenharia e tecnologia constitui impedimento à implantação e à operacionalização do empreendimento e que a empresa dispõe de conhecimento próprio ou tem possibilidade de adquiri-lo em fontes externas. Deve ficar demonstrado que a tecnologia escolhida é a mais adequada às condições do empreendimento, pois a adoção de tecnologia inadequada ao tipo de matéria-prima disponível ou uma localização insuficientemente analisada do ponto de vista econômico podem comprometer a rentabilidade do projeto.

Em relação à tecnologia, devemos observar as escalas de produção e as características dos insumos que serão processados. Alguns projetos se apresentam com tecnologias maduras, isto é, sem que haja previsão de grandes mudanças tecnológicas em médio prazo, como ocorre, por exemplo, com o processo de produção de cimento, o que facilita um consenso sobre qual a melhor tecnologia a ser utilizada. Por outro lado, se o projeto que está sendo elaborado passa por um processo de desenvolvimento tecnológico acelerado, no qual a opção tecnológica não seja tão clara e não exista consenso sobre qual seja a melhor alternativa, é necessário ampliarmos a análise do projeto propriamente dito, bem como analisarmos todas as tecnologias disponíveis.

As principais decisões em relação à atividade de produção referem-se à **capacidade**, como bem afirmam Simonsen e Flanzer (1974, p. 48):

> *a) Capacidade: determinada pela planta, equipamentos e recursos humanos. Envolve a forma de adaptar-se às demandas cíclicas e a forma de utilizar as capacidades como fator influenciador nas decisões tomadas pelos competidores.*
> *b) Instalações: a palavra-chave é o grau de focalização de cada unidade produtiva. Esta decisão considera a localização geográfica, tipos de processos, volume e ciclo de vida do produto.*
> *c) Tecnologia de processo: envolve equipamentos utilizados e os processos de produção. Deve considerar as características do produto, ciclo de vida e relação com o mercado e o estágio em que se encontra a tecnologia do processo.*

Um desafio das empresas é identificar a **flexibilização do sistema produtivo** como forma de possibilitar agilidade nas respostas às variações de demanda e conferir maior controle, segurança e confiabilidade ao processo de produção. Este, por sua vez, refere-se a um conjunto de processos e/ou regras, que transformam produtos e/ou serviços demandados pelos consumidores. Esse processo define e projeta tecnicamente os processos para obtenção dos produtos/serviços (de suas partes e componentes) com o detalhamento e o dimensionamento de cada uma das atividades desenvolvidas e do seu fluxo lógico, determinando, assim, o consumo de recursos, matérias-primas e outros insumos. O sequenciamento do processo deve permitir identificar as relações de dependência entre o ambiente geral, o ambiente operacional e as atividades desenvolvidas durante o processo de produção, como você pode observar na Figura 2.7 a seguir.

Figura 2.7 – O enfoque sistêmico do processo de transformação e/ou produção

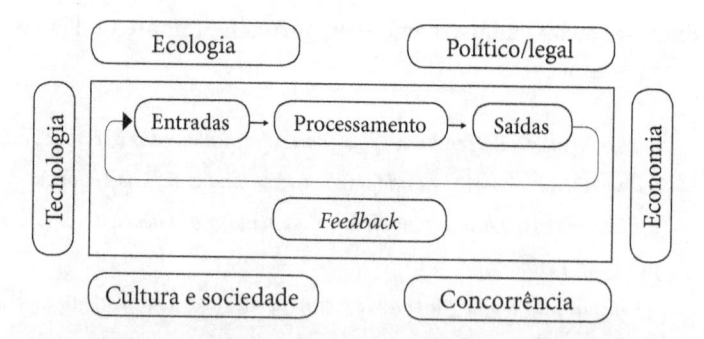

```
         ( Ecologia )           ( Político/legal )
    ┌─────────────────────────────────────────────┐
 T  │  →( Entradas )→( Processamento )→( Saídas ) │  E
 e  │                                              │  c
 c  │              ( Feedback )                    │  o
 n  │                                              │  n
 o  │                                              │  o
 l  │                                              │  m
 o  │                                              │  i
 g  │                                              │  a
 i  │                                              │
 a  └─────────────────────────────────────────────┘
    ( Cultura e sociedade )     ( Concorrência )
```

Fonte: Ferreira et al., 2000, p. 62.

A função da produção é uma relação técnica que demonstra o máximo de produção que poderemos obter se considerarmos as quantidades de insumos e outros fatores de produção. O próximo passo, depois de todos esses cuidados tomados, consiste em identificarmos o local mais adequado para situarmos a alternativa de investimento.

Localização

O estudo da localização está relacionado com os demais componentes do projeto, principalmente com os componentes econômico-financeiros, a engenharia e o tamanho do mercado. Os estudos devem definir claramente qual é a melhor localização possível para a unidade de produção, ou seja, devem identificar a localização que torne possível a colocação de bens produzidos a preços iguais ou inferiores aos que vigoram no mercado a que se destinam. Nos termos da teoria tradicional sobre fatores locacionais, isso equivale a minimizar os custos totais de transporte (insumos e produtos acabados) *ceteris paribus*, isto é, sendo constantes ou homogêneas as condições de produção em todos os locais alternativos.

> A localização de um empreendimento, em determinadas circunstâncias, não decorre obrigatoriamente da análise dos fatores locacionais, mas o estudo da localização orienta a seleção do melhor local para a implantação de um projeto específico.

O **estudo da macrolocalização** consiste em definir a região ou cidade onde deve situar-se a unidade de produção, e a **microlocalização**, por sua vez, define um lugar específico na região escolhida.

Os fatores básicos que podem influenciar na determinação da localização de um projeto, segundo Buarque (1991, p. 72), são:

- *localização dos insumos;*
- *disponibilidade de mão de obra;*
- *terrenos disponíveis, clima, fatores topográficos;*
- *facilidades de transporte;*
- *disponibilidade de energia, água, rede de esgotos;*
- *condições de vida, leis e regulamentos, incentivos; e*
- *estrutura tributária.*

CONEXÕES COM A PRÁTICA

No *site* da Superintendência de Desenvolvimento do Nordeste (Sudene), você encontra o *Manual de apresentação de projetos* para o Fundo de Desenvolvimento do Nordeste – FDNE (Brasil, 2006). Especificamente na página 12 do referido documento, observe a solicitação de dados específicos sobre os **fatores que contribuem para a localização do empreendimento**:

Projeto de investimento			
Localização, Programa de produção e vendas e mercado			
Localização			
Distrito	Município		Estado
Fatores que contribuem para a localização do empreendimento:			
Proximidade da(s) matéria(s)-prima(s) principal(ais)			
Centro de consumo e/ou comercialização da produção prevista			
Integração em arranjos e/ou cadeias produtivas			
Fortalecimento e integração a outros empreendimentos do grupo na região			
Disponibilidade de mão de obra:			
Especializada			
Semiespecializada			
Não especializada			

Disponibilidade de infraestruturas econômicas
Energia
Transportes
Comunicações
Disponibilidade d'água (insumo)
Disponibilidade de infraestrutura e equipamentos sociais
Água tratada
Saneamento básico
Proximidade de centros e formação e treinamento
Assistência médico-hospitalar
Outras (especificar...)
Políticas e programas regionais e/ou sub-regionais de desenvolvimento
Disponibilidade de linhas e programas especiais de crédito:
Disponibilidade de políticas fiscais em âmbito:
Municipal
Estadual
Federal
Outros fatores (especificar...)

Fonte: Brasil, 2006.

> Você pode verificar que os técnicos que criaram o manual do FDNE para investimentos solicitam a elaboração de um projeto considerando os fatores elencados por Buarque em relação à localização, como citamos anteriormente. No entanto, é necessário que se atente para o fato de que há duas teorias a respeito dos fatores determinantes para a localização de um projeto: a clássica e a moderna.

A teoria clássica sobre localização industrial considera **os portos, os aeroportos, as estradas, a proximidade de matéria-prima e mercado consumidor como fatores condicionantes para a localização de um projeto**.

A teoria moderna afirma, no entanto, que **a âncora atualmente é o setor de ensino e pesquisa. Ressalta que a interdependência dos desenvolvimentos tecnológicos e as mudanças na organização da produção devido à introdução das novas tecnologias e às modificações no curso de vida dos produtos, no mercado de trabalho e nos padrões de desenvolvimento local, setorial e regional constituem fatores preponderantes na escolha da localização.** Além disso, é importante considerarmos também a extrema mobilidade da sociedade atual, dos fatores de produção e das mercadorias, quais sejam:

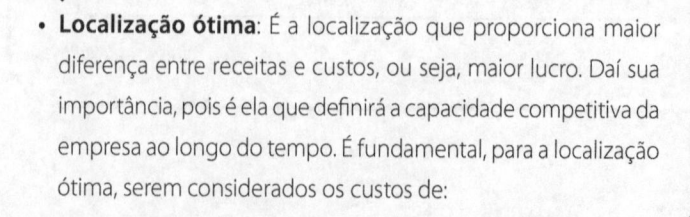

- **Localização ótima**: É a localização que proporciona maior diferença entre receitas e custos, ou seja, maior lucro. Daí sua importância, pois é ela que definirá a capacidade competitiva da empresa ao longo do tempo. É fundamental, para a localização ótima, serem considerados os custos de:

- **Aquisição**: Compra/transporte de matérias-primas, energia, mão de obra etc.
- **Distribuição**: Associados à distribuição dos bens ou serviços ao mercado consumidor.
- **Localização**: Associados à própria localização, aos custos necessários para que o projeto seja instalado em determinado lugar.

A escolha do local é uma decisão importante para o sucesso do empreendimento. De maneira geral, a localização deve fornecer uma infraestrutura adequada, permitir o crescimento da empresa e disponibilizar um acesso facilitado aos clientes.

Tamanho e cronograma físico

Entendemos por **tamanho** a capacidade de produção que deve ter a unidade produtiva. A capacidade é o máximo que pode ser produzido, ou seja, a máxima produção ou saída de um empreendimento. É necessário justificar a escala de produção e o montante dos investimentos. Isso está vinculado ao estudo de mercado, da engenharia e aos custos de produção do projeto. Dessa forma, para determinarmos o tamanho ótimo de um projeto, devemos considerar as seguintes variáveis:

- localização;
- acesso a tecnologia;
- dinâmica do mercado;
- acesso a financiamento;
- disponibilidade e custo da matéria-prima e da mão de obra;
- recursos totais investidos.

As decisões relacionadas ao tamanho da produção devem estar assentadas no comportamento da demanda em um contexto em longo prazo.

Uma das decisões do processo de planejamento é como elaborar o cronograma físico, também denominado de *programação* ou *cronogramação*. É um retrato da cronologia do projeto e o processo de tomar decisões de cronologia equivale a associar o trabalho ao transcurso do tempo.

O cronograma físico é montado com base no nível de pacote de trabalho da EAP, que consiste na lista de tarefas, ou atividades, das estimativas de duração, dos requisitos de recursos e do diagrama de rede. Em outras palavras, é um gráfico ou quadro que mostra a distribuição das atividades ao longo de um calendário – é um retrato da cronologia do projeto, contemplando as atividades físicas, como a quantidade de insumo e de rendimentos em determinado horizonte de planejamento. Um exemplo de cronograma físico que contempla as atividades de um projeto para implantação de um novo sistema de tráfego pode ser visto no Quadro 2.1 a seguir.

Quadro 2.1 – *Cronograma físico de um projeto de investimento*

Horizonte de planejamento: atividades	Ano 1	Ano 2	Ano 3	Ano 4	Ano 5
Fase 1: Estudo e definição das tecnologias a serem empregadas.	X				
Fase 2: Desenvolvimento da central e dos controles de semáforos.		X	X		

(continua)

(Quadro 2.1 – conclusão)

Fase 3: Integração dos diversos subsistemas e construção dos protótipos para o teste-piloto.		X
Fase 4: Instalação e homologação do protótipo.		X

Após a identificação desses elementos, eles recebem um tratamento econômico-financeiro dentro da própria estrutura do projeto, visto que os elementos do cronograma físico são a base para a elaboração do cronograma físico-financeiro.

No componente técnico, devem ser detalhadas as considerações referentes à seleção entre as necessidades de insumos e o rendimento dos diversos processos de produção e da engenharia do projeto (tecnologia, tamanho e localização). Devemos detalhar a melhor opção de tecnologia, isto é, identificar o tipo de processo adequado ao produto, a tecnologia própria ou adquirida e o nível de inovação nos processos e/ou produtos.

> Esses elementos variam de projeto para projeto, tornando imprecisas as generalizações que possamos fazer para identificá-los. Por isso, no cronograma de atividades, é importante que seja definido quem as executa, coordena e aprova.

Os prazos não podem ser definidos aleatoriamente, mas somente com base nas ações a serem realizadas e no tempo necessário para que cada ação se concretize de acordo com os objetivos traçados.

A realização de determinada meta de produção implica um cuidado sobre o planejamento do fator administrativo, no qual deve ficar evidenciado que a estrutura do projeto deve atuar em consonância com a estrutura funcional da organização. Vejamos mais a esse respeito na seção a seguir.

2.3.7 Fator administrativo

A ciência da administração vem desenvolvendo inúmeras técnicas, as quais têm colaborado para o aumento da eficiência das organizações, no sentido de conseguirem com menor esforço o melhor resultado administrativo e operacional.

> O componente administrativo diz respeito à estrutura organizacional que será necessária para a implantação e para a operacionalização do projeto, encarregando-se do planejamento, do controle e da organização das atividades da empresa. Deve ser implantado com a finalidade de conferir eficácia às organizações por meio da integração das decisões administrativas com a estratégia organizacional.

Administrativamente, tornam-se necessários não apenas a criação de uma organização específica, com a responsabilidade de formular e coordenar a execução dos planos de desenvolvimento, como também o envolvimento de toda a máquina administrativa. Os cargos precisam ser desenhados, projetados, delineados, definidos e estabelecidos com o objetivo de formatar a configuração estrutural das tarefas a serem executadas e das pessoas que devem executá-las periodicamente.

Desenhar um cargo, de acordo Chiavenato (1994, p. 45), significa:

- *especificar o conteúdo de cada tarefa a ser executada, isto é, definir o que o ocupante deve fazer ou executar;*
- *especificar o método para executar cada tarefa, isto é, definir como deve fazer ou executar a tarefa; e*
- *combinar as tarefas individuais em cargos específicos, isto é, definir qual o conjunto de tarefas que deve compor o cargo.*

As estruturas organizacionais apresentam uma **tendência declinante** quando caracterizadas pela hierarquização vertical, pela rede matricial, pela centralização, pela perenidade e pela aglutinação de funções.

A **tendência ascendente** tem como características a redução de níveis hierárquicos, a descentralização de autonomia e a instabilidade como fator de evolução e terceirização. Não existe uma maneira única de estruturar uma empresa; ela deve ser organizada de acordo com o seu negócio e o nicho ambiental que pretende ocupar.

O desenho de uma organização é determinado pelas circunstâncias externas que o ambiente impõe à empresa. Atualmente, a **forma mecanicista** não tem se mostrado apropriada por ser um sistema fechado, adequado para ambientes estáveis e de pouca mudança, enquanto o **sistema orgânico**, que utiliza a informação como elemento integrador dos poucos níveis hierárquicos recomendados, é um sistema aberto, próprio para ambientes instáveis e mutáveis, os quais exigem dele adaptabilidade e ajustamento constantes.

A Figura 2.8 a seguir ilustra o modelo mecanicista declinante e o modelo orgânico ascendente dos modelos de organização.

Figura 2.8 – Modelos de organização

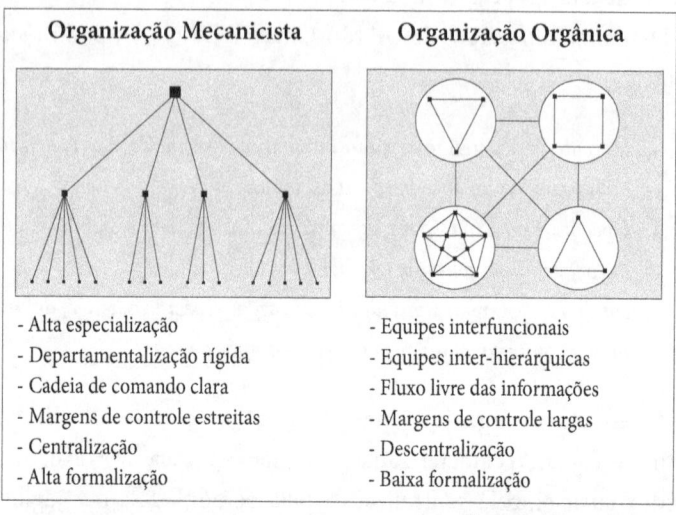

Organização Mecanicista	Organização Orgânica
- Alta especialização - Departamentalização rígida - Cadeia de comando clara - Margens de controle estreitas - Centralização - Alta formalização	- Equipes interfuncionais - Equipes inter-hierárquicas - Fluxo livre das informações - Margens de controle largas - Descentralização - Baixa formalização

Fonte: Robbins, 2000, p. 178.

A maioria dos projetos faz parte de uma organização maior e, quando o projeto é externo, isto é, executado em parcerias ou sob a coordenação de várias empresas, este ainda será influenciado pela organização que o estabeleceu.

Devemos definir uma estrutura operacional exclusiva para a elaboração do projeto, ou um organograma, que deve estar inserido e em consonância com as diretrizes e os objetivos da instituição responsável, pois os projetos não podem se sobrepor à organização e nem ao ambiente que o rodeia. A estrutura da empresa deve estar em consonância com a estrutura do projeto.

O ideal é que os responsáveis pela elaboração de determinado projeto se ausentem de suas atividades rotineiras e sejam alocados exclusivamente para as atividades do projeto para evitar perda de foco, baixa produtividade, não atendimento dos objetivos e metas, estresse, desmotivação, conflitos e insegurança e, sobretudo, falta de comprometimento. Essa situação é mais séria em projetos de alta complexidade e interdepartamentais. Esse tipo de organização de projeto é também chamado de *estrutura projetizada* e confere total autonomia para uma equipe multidisciplinar, que fica separada da estrutura funcional permanente, até mesmo fisicamente.

De acordo com Souza e Clemente (1998, p. 28), os projetos devem ser humanizados, pois as pessoas apresentam características fundamentalmente diferentes em relação a quaisquer outros recursos de que a empresa dispõe. Não é exagero afirmarmos que as empresas são organizações de pessoas e que o funcionamento daquelas é moldado por estas. Em outras palavras, a mesma base técnica, os mesmos materiais, o mesmo arranjo físico funcionarão de forma diversa e darão resultados diferentes, dependendo das pessoas que ocuparem os postos de trabalho da empresa.

O Quadro 2.2 a seguir demonstra as características dos projetos desumano e humanizado.

Quadro 2.2 – *Características dos projetos desumano e humanizado*

Projetos	Desumano	Humanizado
Concepção	No topo	A base participativa
Comunicação	Rarefeita e unidirecional	Farta e em ambos os sentidos
Impacto sobre as pessoas	Ansiedade, medo, insegurança	Satisfação, estímulo, orgulho
Execução	Geralmente problemática	Fácil
Avaliação	Raramente é feita	Quase sempre é feita
Realimentação	Quando ocorre, é parcial	Ampla, quase automática
Resultados de longo prazo	Incertos	Seguros

Fonte: Souza; Clemente, 1998, p. 236.

A forma de estruturar organizacionalmente um projeto depende principalmente do seu tamanho, da complexidade e tecnologia envolvidas, além do conhecimento e comprometimento do pessoal elencado para o plano. A Figura 2.9 a seguir mostra uma estrutura gerencial e funcional exclusiva para projetos.

Figura 2.9 – Estrutura diferenciada simples em um projeto abrangendo três atividades

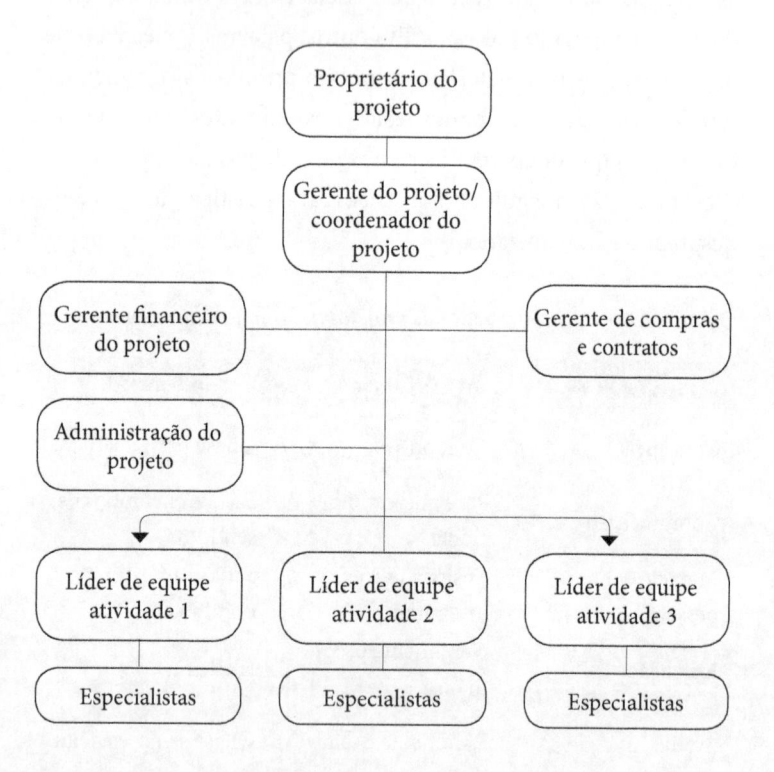

```
                    Proprietário do
                        projeto
                           │
                   Gerente do projeto/
                   coordenador do
                        projeto
                           │
    ┌──────────────────────┼──────────────────────┐
Gerente financeiro                          Gerente de compras
   do projeto                                 e contratos
    │
Administração do
   projeto
    │
    ├──────────────────────┬──────────────────────┐
    ▼                      ▼                      ▼
Líder de equipe      Líder de equipe       Líder de equipe
  atividade 1          atividade 2            atividade 3
    │                      │                      │
Especialistas         Especialistas         Especialistas
```

Fonte: Keelling, 2002, p. 125.

Uma estrutura gerencial e funcional exclusiva para a elaboração de um projeto tem como responsável o gerente e as pessoas alocadas subordinadas a ele, e tanto sua autoridade como o foco no projeto são muito maiores. Nessa situação, o gerente possui muita autoridade, autonomia e comunicação direta com a equipe do projeto.

Uma estrutura projetizada é apropriada principalmente quando a administração superior classifica o projeto como estratégico e de grande porte, quando sua missão é importante demais para correr riscos, quando há um prazo rígido a ser cumprido, quando os recursos não podem ser compartilhados e quando o produto e/ou serviço são totalmente novos.

As questões de recursos humanos estão ligadas a outras questões estratégicas da empresa. Constatamos que, embora os fatores administrativos possuam uma relação indireta com o projeto, estes são muito importantes, pois atingir sucesso em projetos é, em grande parte, uma atividade de grupo. Por conseguinte, podemos dizer que a forma adequada de estruturar uma organização ou uma estrutura específica para um projeto depende também do tipo de projeto ou do ambiente em que este está inserido.

Após a caracterização da estrutura organizacional, é necessário evidenciarmos a estrutura legal e jurídica da empresa, pois esses fatores afetam as decisões econômicas – necessidade de assinatura de contratos de financiamentos, de fornecimento de insumos e gozo de benefícios fiscais concedidos pelo governo.

2.3.8 Fator jurídico e legal

Os aspectos jurídicos e legais apresentam uma relação indireta com o projeto e sua finalidade consiste em explicitar o tipo de organização, as atribuições e benefícios da espécie societária da empresa, seus sócios, a participação acionária de cada um e o registro na junta comercial do estado em que a empresa está inserida.

As exigências de natureza legal objetivam situar o empreendimento no contexto jurídico-normativo. Assim, quando se trata de criar uma nova empresa, devemos escolher sua forma jurídica e projetar seus estatutos, pois até os benefícios fiscais do governo estão condicionados à estrutura jurídica da empresa.

O componente de ordem legal afeta as decisões econômicas, como a necessidade de firmar contratos e efetuar pagamentos. Os elementos a serem considerados nesse componente são os seguintes: qualificação da empresa, objetivo social, capital social e legislação específica. Vejamos mais detalhadamente cada um deles:

- **Qualificação da empresa**: Apresenta o tipo de sociedade, data de sua constituição, número do registro e a junta comercial em que foi arquivado.
- **Objetivo social da empresa**: Transcreve o objetivo social do instrumento que criou a sociedade. Além disso, é informado se é lícito à sociedade criar ou extinguir filiais e escritórios no território nacional ou internacional.
- **Capital social**: Apresenta o capital social e o balanço, além da data que o determina. São apresentados o número de quotas ou ações, seu valor unitário e os nomes dos acionistas que as subscreveram, acompanhados, respectivamente, do número de quotas ou ações e do valor total, além do tipo de ações (ordinárias, preferenciais etc.).
- **Legislação específica**: Conforme o ramo de atividade, a empresa deve se registrar em órgãos específicos ou apresentar certidões comprobatórias. Por exemplo: uma empresa madeireira precisa de autorização do Instituto Brasileiro de Meio Ambiente e dos Recursos Naturais Renováveis (Ibama).

Na identificação da entidade proponente, deverão constar os seguintes elementos:

- nome completo;
- CNPJ;
- endereço da entidade;
- contatos – número de telefones, endereço de correio eletrônico.

Além desses dados, a entidade proponente deve descrever o tempo de existência, a natureza de suas atividade e linhas de atuação. Ainda devem ser explicitados os principais trabalhos executados e seus resultados, enfatizando os correlatos ao proposto no projeto.

Os dados do gerente do projeto são: nome completo, RG, CPF, endereço e telefone do responsável. As entidades parceiras também deverão ser identificadas.

Embora o componente legal tenha apenas uma relação indireta com o projeto, devemos identificar todos os aspectos que permitam o funcionamento jurídico e legal de uma empresa, principalmente os relacionados aos incentivos governamentais, como impostos e incentivos fiscais para investimento ou exportação.

Após a constatação de que a empresa está legalmente constituída, ainda precisamos comprovar a viabilidade ambiental do projeto (se seus objetivos estão em consonância com o ecossistema) por meio do fator ambiental.

2.3.9 Fator ambiental

As empresas não podem mais se portar como instituições meramente econômicas, ou seja, não podem se preocupar única e exclusivamente com o que produzir, como produzir e para quem produzir. Suas responsabilidades abrangem um espectro muito maior, envolvendo preocupações de caráter político-social e ambiental, tais como proteção ao consumidor, controle da poluição, assistência médica e social aos colaboradores e segurança e qualidade dos produtos e/ou serviços.

As organizações não existem isoladamente no seu ambiente, devendo sempre estar contextualizadas com seu entorno. Para tanto, elas devem identificar todas as operações e os vários impactos decorrentes do processo de produção, bem como buscar formas de minimizá-los.

O sucesso das atividades empresariais também pressupõe a existência de uma política ambiental formal, na qual a empresa expõe suas intenções e princípios em relação ao desempenho ambiental. É necessária a implantação de um sistema de gestão ambiental (SGA), como forma de minimizar os impactos do empreendimento sobre o meio ambiente, sem que isso interfira na competitividade da empresa. Nesse componente, devemos demonstrar a compatibilidade entre os objetivos do projeto e o ecossistema e propor ações preventivas à ocorrência de impactos adversos ao meio ambiente. Devemos ainda relacionar e/ou incorporar os problemas de meio ambiente na análise do projeto, nos seus aspectos positivos e negativos, sob o título de *economias externas* e *deseconomias externas*:

- **Economias externas**: Devemos citar os aspectos positivos decorrentes do projeto, como aumento do nível de emprego, treinamento dado aos empregados, construção de escolas e creches, desenvolvimento da comunidade onde se instala o empreendimento.
- **Deseconomias externas**: Devemos citar os impactos negativos, como poluição do ar, da água, do solo e sonora, degradação ecológica referente à vida animal e vegetal e ao clima, além de aspectos de periculosidade envolvendo os próprios trabalhadores e até mesmo a comunidade.

Os efeitos que devemos avaliar no componente ambiental são:

- emissões gasosas para a atmosfera;
- descarga de efluentes na água;
- geração de resíduos sólidos;
- consumo de energia;
- uso da água;
- manuseio de materiais;
- disposição final do lixo e embalagens;
- transporte de materiais e de pessoas.

Se os despejos industriais de esgotos ou outras fontes não estiverem em conformidade com os índices estabelecidos pela legislação vigente, haverá necessidade de ser prevista no projeto e no processo da produção uma sistemática completa para o controle do meio ambiente.

Faz-se necessário também identificarmos a natureza precisa e a extensão do impacto ambiental do projeto, se houver, e detalharmos o processo de administração ambiental a ser incluído na estrutura do projeto para atender requisitos desejados, acordados ou obrigatórios em relação à série ISO 14000.

A adoção de alguns procedimentos de gestão ambiental preconizados durante a elaboração de projeto servirá para evitarmos ou minimizarmos impactos ambientais significativos na sua implementação, não só controlando as emissões de gases, a redução de recursos naturais, a reciclagem de resíduos, a reutilização da água e de materiais, mas também contribuindo para a conscientização dos colaboradores e fornecedores.

Barbieri (2004, p. 125) ressalta que um projeto para o meio ambiente, também denominado de *design for environment* (DFE), é um modelo de gestão centrado na fase de concepção dos produtos e dos seus respectivos processos de produção, distribuição e utilização. O autor também afirma que esse tipo de projeto exige novos arranjos organizacionais para reduzir ou solucionar conflitos entre as áreas de produção, compras, *marketing* e pesquisa. A ideia básica desse modelo é atacar os problemas ambientais na fase de projeto, pois as dificuldades e consequentemente os custos para efetuar modificações crescem à medida que as etapas do processo de inovação se consolidam.

A variável ecológica, nas empresas e em seus projetos, pode estar inserida em nível formal, isto é, nas funções, atividades e responsabilidades específicas e, em nível informal, divulgando-se entre os colaboradores a ideia de que a responsabilidade ambiental é uma tarefa de toda a organização e, portanto, exige comprometimento de todos.

INTERTEXTOS E CONTEXTOS

BERTÉ, R. *Gestão socioambiental no Brasil*. Curitiba: Ibpex; São Paulo: Saraiva, 2009.

Se você estiver interessado na implantação de um projeto de gestão ambiental em sua empresa, essa obra de Rodrigo Berté mostra-se um material bastante útil, trazendo fundamentações teóricas e informações práticas para desenvolver tal processo. Recomendamos também outra obra do mesmo autor, com a coautoria do professor Edelvino Ranzzolini Filho, intitulada *O reverso da logística e as questões ambientais no Brasil* (2009), também da Editora Ibpex.

Segundo Berté (2009, p. 179), "Dentro da Série ISO 14000, somente as normas ISO 14001 (Sistema de Gestão Ambiental – Especificações e Diretrizes para Uso) e ISO 14040 (Análise do Ciclo de Vida – Princípios Gerais) são passíveis de certificação". E esse é um aspecto – o da certificação – que você precisa avaliar com bastante cuidado em seu projeto, em razão do valor que a sociedade dá a ele, ou seja, é um fator que agrega valor ao empreendimento.

As demais normas auxiliares são:
- ISO 14004 – Sistemas de Gestão Ambiental – Diretrizes Gerais
- ISO 14010 – Guias para Auditoria Ambiental – Diretrizes Gerais
- ISO 14011 – Diretrizes para Auditoria Ambiental e Procedimentos para Auditorias
- ISO 14012 – Diretrizes para Auditoria Ambiental – Critérios de Qualificação de Auditores
- ISO 14020 – Rotulagem Ambiental
- ISO 14021 – Rotulagem Ambiental – Termos e Definições
- ISO 14023 – Rotulagem Ambiental – Testes e Metodologias de Verificação
- ISO 14031 – Avaliação da *Performance* Ambiental
- ISO 14032 – Avaliação da *Performance* Ambiental dos Sistemas de Operadores
- ISO 14041 – Análise do Ciclo de Vida – Inventário
- ISO 14042 – Análise do Ciclo de Vida – Análise dos Impactos
- ISO 14043 – Análise do Ciclo de Vida – Migração dos Impactos

Após a comprovação da **conformidade ambiental do projeto**, os fatores passam a ser tratados de **forma econômico-financeira**, dentro da própria estrutura do projeto.

2.3.10 Fator econômico-financeiro

Toda análise econômica parte do princípio fundamental de que os recursos econômicos existentes para dado projeto são escassos e, na maioria das vezes, a sua disponibilidade não é suficiente para atender plenamente à quantidade de produtos/serviços requerida.

Avaliar a sanidade do empreendimento por meio das óticas da rentabilidade e da liquidez[10] significa verificar se o lucro é compensador como remuneração do esforço e do capital investido e se os recursos captados e gerados pela iniciativa são suficientes para cobrir os desembolsos necessários.

De acordo Camargo (2007, p. 23), "uma empresa se depara normalmente com diversas oportunidades de investimento e deve decidir qual ou quais serão aproveitadas, visto não haver recursos disponíveis para a implementação de todos os projetos". Então, a organização precisa estar preparada para criar critérios adequados que a auxiliem a analisar e decidir entre as alternativas de investimentos mais vantajosas. Toda decisão sobre projetos de investimento pode ser feita a partir de duas abordagens:

- a primeira requer que o tomador de decisão opte entre aceitar ou rejeitar um dado projeto;
- a segunda exige a classificação entre propostas diversas.

A escolha de um desses critérios irá depender do volume de recursos disponíveis para a aplicação e do tipo de projeto analisado.

Devemos efetuar os cálculos sobre a eficiência econômica do projeto e seu financiamento. Trata-se de analisar os resultados que podem ser obtidos por meio de índices econômicos apro-

---

10 Liquidez: A capacidade de converter ativos em dinheiro de maneira rápida e fácil.

priados, como a taxa interna de retorno[11], o índice de lucratividade e a relação custo-benefício[12].

Os aspectos que deverão ser abordados no componente econômico-financeiro são: custos, receitas, cronograma de implantação físico-financeira, fluxo de caixa, usos e fontes e financiamentos necessários. Veja a seguir um detalhamento mais aprofundado de cada um desses elementos

Custos

Na atividade produtiva, devemos determinar se o resultado do projeto compensa a soma dos esforços e recursos despendidos. É necessário, para tanto, compararmos os resultados e os meios (produtos e insumos) e transformarmos os vários componentes do processo produtivo em seus correspondentes valores monetários. Essa estimativa é feita pelos dois lados do processo: o **lado de entrada física**, que corresponde aos **insumos**, e o **lado da saída física**, que são os **produtos**. Devemos ainda identificar a análise geral do investimento (apresentar o quadro geral de todos os investimentos previstos), os **custos** (relacionar todas as despesas por unidade de período – mensais, anuais –, assim consideradas para efeito do Imposto de Renda, como mão de obra, manutenção, conservação, matéria-prima

---

11 Taxa interna de retorno: É o percentual de retorno obtido sobre o saldo investido e ainda não recuperado em um projeto de investimento.
12 Relação custo-benefício: Indica o quanto é ganho por unidade de capital investido.

utilizada etc.), os **custos fixos** (estrutura das despesas previstas por unidade de período, independentemente da produção, como aluguel, mão de obra normal, seguros, manutenções, conservações, depreciações etc.) e os **custos variáveis** (estrutura das despesas por unidade de período, que variam em função da produção, como mão de obra variável, matéria-prima utilizada, encargos sociais, despesas tributárias e contribuições resultantes da produção, despesas financeiras, como as bancárias, por exemplo).

Receitas

As receitas do projeto são o fluxo de recursos financeiros (monetários) que este recebe em cada ano de sua vida útil, direta ou indiretamente. As receitas de um projeto têm origem principalmente nas vendas de seus produtos, subprodutos e serviços. Elas devem ser apresentadas por unidade de períodos – mensais e anuais – previstos no início da produção. Tais receitas são demonstradas com base nos faturamentos estimados para os diversos tipos de unidades produtivas e vendidas ou serviços realizados

Cronograma de implantação físico-financeira

O cronograma deve especificar as atividades desenvolvidas durante o projeto, bem como seus gastos, ressaltando a duração das diversas fases, desde a elaboração até a implantação do projeto.

Fluxo de caixa

Mecanismo pelo qual os valores monetários refletem as entradas e as saídas dos recursos e produtos por unidade de tempo e que formam uma proposta de investimento. As diversas saídas de dinheiro devem ser apresentadas, bem como previstas as diversas receitas, durante as unidades de período consideradas no estudo. O fluxo é composto por dois fluxos monetários principais: **entrada e saída**. O **fluxo de entrada ou de receita** é formado pelos **valores obtidos com a venda dos produtos do projeto e dos produtos secundários, pelos subsídios e financiamentos e pelo valor residual de todos os bens de capital cuja vida útil ultrapassa o horizonte do projeto. As despesas de investimentos (todos os gastos necessários para implantar determinado projeto e deixá-lo apto para produzir) e as despesas operacionais (todas as despesas necessárias para que o bem de capital esteja em pleno funcionamento) compõem o fluxo de saída.**

Usos e fontes

Devemos apresentar um resumo de usos (inversões técnicas e financeiras) previstos, de acordo com o estudo realizado, que são contrabalançados com as fontes (recursos próprios, recursos de terceiros e outros recursos) e que devem ser realizados no período de implantação.

Financiamentos necessários

São os valores eventualmente necessários com a apresentação da taxa de juros prevista, além dos valores a serem pagos em juros e amortizações de dívidas após as épocas projetadas para saldar tais compromissos. São identificados os agentes financeiros, os valores, os prazos e as garantias.

A principal dificuldade na análise de investimento é a obtenção de informações confiáveis, principalmente sobre as projeções de entradas, pois estas se originam, basicamente, das estimativas de vendas. É preciso monitorarmos as informações financeiras e não considerarmos os números apenas como detalhes; eles devem ser vistos e considerados como sinais para avaliarmos, de maneira realista, a viabilidade de um projeto.

No componente econômico-financeiro, devemos apresentar detalhadamente as informações mais importantes sobre os custos, as receitas e os gastos referentes ao projeto, uma vez que tais fatores se constituem na espinha dorsal deste.

A conjugação dos fatores econômico-financeiros servirá de base para a avaliação do projeto.

Avaliação de projeto

Qualquer projeto pode ser avaliado em função do lucro ou do prejuízo econômico que produz, por meio da taxa percentual de retorno que proporciona ou do tempo que leva para o retorno do investimento.

Para a avaliação de projeto, existem na teoria financeira e nos mecanismos de desempenho inúmeras técnicas de avaliação, cada uma informando ao gestor de projetos sobre determinado aspecto.

As avaliações podem ser **quantitativas** e **qualitativas**. Veja a seguir uma explanação mais aprofundada a respeito desses modelos de avaliação.

Avaliação quantitativa

Há inúmeras técnicas de análise de investimento que para a empresa se constituem num desembolso com o objetivo de gerar benefícios futuros, usualmente num prazo superior a um ano.

Os métodos quantitativos e estatísticos muitas vezes são denominados de *avaliação* ou *análise econômico-financeira*. É feita por meio da descrição matemática e, de acordo com Teixeira (2002, citado por Silva, 2005, p. 82), deve ser utilizada como método quando tiver a intenção de saber:

- **A relação entre variáveis**: Qual a relação entre idade, sexo e estado civil, com as faltas no trabalho?
- **A causa**: O que causa as faltas?
- **O efeito ou a consequência**: Qual o efeito do novo sistema administrativo da fábrica sobre o desempenho dos empregados?
- **A incidência**: Qual o número de faltas por dia em média?

A viabilidade econômico-financeira é justificada pela união dos componentes da ordem econômica e financeira, de modo a indicar a existência de lucros compatíveis com o investimento realizado e com o reembolso de empréstimos eventualmente solicitados.

A **avaliação do projeto**, de acordo com Buarque (1991, p. 131), é um trabalho multidisciplinar e dinâmico: reestudamos cada etapa, suas formulações, suas operações intrínsecas e as suas relações com as demais, determinando o coeficiente que permite a comparação dos resultados com os recursos utilizados e com coeficientes similares de outras alternativas de investimentos disponíveis.

Ao analisarmos a conveniência e a possibilidade de implantarmos um empreendimento que exige alocação de recursos financeiros, constatamos que sua realização é sempre determinada com base em algum método de avaliação econômico-financeira.

A necessidade de analisarmos a viabilidade econômica de um investimento gera problemas de engenharia econômica, e esta utiliza métodos de análise específicos, que possibilitam a escolha da melhor alternativa de investimento, com a consequente otimização dos recursos.

Os principais métodos específicos para avaliação e análise das alternativas econômicas são operacionalizados por meio dos coeficientes de avaliação econômico-financeira. São eles: **método do valor presente líquido (VPL)**, da **taxa interna de retorno**, **do prazo de retorno**[13], **do índice de lucratividade** e da **relação custo-benefício**. Observe a seguir um detalhamento de cada um desses coeficientes.

---

13 Prazo de retorno (*payback*): É o tempo necessário para se recuperar o dinheiro aplicado no investimento.

Valor presente líquido (VPL)

Consiste em **determinar um valor no instante inicial com base em um fluxo de caixa formado por receitas e dispêndios**, os quais são descontados com a **taxa mínima de atratividade**[14]. Esse método é conhecido também como *método do valor atual líquido*.

O VPL é uma das técnicas mais conhecidas e utilizadas na análise de investimentos. Ele consiste, segundo Camargo (2007, p. 79), "em concentrar na data zero o valor presente de todos os fluxos de caixa de investimento descontados pela TMA (Taxa mínima de atratividade), evidenciando o lucro econômico do projeto".

Esse coeficiente de avaliação consiste em um parâmetro que retrata a política de investimento da empresa, sendo determinado em função dos riscos do investimento, da disponibilidade de capital, do custo do capital etc.

Um projeto será aceito ou implementado se o VPL for maior do que zero (positivo), o que implica dizermos que o projeto paga seus investimentos, rende p% (*p* é a taxa de juros relevante para a empresa) ao ano e ainda sobra o valor monetário obtido para o VPL. Se der negativo, o projeto é rejeitado, porque, àquela taxa de desconto p%, a soma das receitas é menor do que o investimento inicial. Se o VPL for igual a zero, é indiferente realizar ou não o investimento, pois, nesse caso, o investimento é pago e rende anualmente a taxa de juro definida pelo empresário.

Taxa interna de retorno (TIR)

Essa taxa é resultante do empreendimento e deve ser comparada à taxa mínima de atratividade, a qual representa a remuneração que o projeto está dando ao capital empregado. **É obtida com base na**

---

14 Taxa mínima de atratividade: Taxa de juros mínima que uma proposta de investimento deve produzir para ser atrativa.

anulação do VLP, sendo dada a vida útil do projeto. O método assume implicitamente que todos os fluxos intermediários de caixa são reinvestidos à própria TIR calculada para o investimento. Entre duas alternativas econômicas com TIR diferentes, a que apresenta maior taxa representa o investimento que proporciona o maior retorno; portanto, o investimento será economicamente atraente somente se a TIR for maior do que a taxa de atratividade.

A avaliação de rentabilidade de um investimento por esse método é feita obtendo-se a taxa de juros que torna o atual fluxo de caixa nulo, isto é, pesquisando-se a taxa de juros que torna equivalente o investimento inicial ao fluxo de caixa gerado subsequentemente.

Período de payback (PB)

Consiste na apuração do tempo necessário para que o somatório dos benefícios econômicos de caixa se iguale ao somatório dos dispêndios de caixa. É o tempo de retorno de um investimento, ou seja, o tempo que o investimento inicialmente despendido leva para ser recuperado. Esse cálculo pode ser feito pela análise de seus valores originais, conforme ocorrem ao longo do tempo ou por seus valores descontados. É uma técnica de medida de risco, visto que, quanto mais tempo um investimento leva para ser recuperado, maiores são as possibilidades de variações nos resultados projetados em função de mudanças econômicas. Em outras palavras, o risco aumenta conforme o *payback* se aproxima do horizonte de planejamento do investimento (Camargo, 2007, p. 99).

Esse método não considera os fluxos de caixa que ocorrem durante a vida econômica do investimento após o período de *payback* e, portanto, não permite chegar à conclusão de qual é o investimento que tem o melhor retorno. Pode ser utilizado em combinação com outros métodos de avaliação.

Índice de lucratividade

Consiste na relação entre os benefícios líquidos de caixa gerados pelo projeto e o investimento inicial. Isso significa que esse índice pode ser obtido com base na soma dos benefícios líquidos de caixa. Se o índice for igual a 1, isso quer dizer que os benefícios líquidos de caixa gerados pelo projeto zeram o investimento inicial; se o índice for maior que 1, significa que, além de recuperar o investimento inicial, o projeto gerará um ganho adicional. No entanto, se o índice for menor do que 1, o investimento inicial nunca será recuperado.

Índice benefício-custo (IBC)

Essa relação, como o próprio nome já diz, é uma comparação entre o benefício, isto é, as receitas, e o custo de um investimento qualquer. Em outras palavras, o índice benefício-custo (IBC) indica quanto é ganho por unidade de capital investido. É também chamado de *índice de lucratividade* e mostra o retorno que a empresa obtém para cada $ 1,00 investido em determinado projeto.

O conceito de **benefício** passou a representar a tradução monetária de todos os rendimentos associados a um investimento, portanto implica demonstrar que os benefícios são maiores que os custos. Sob o enfoque social, baseia-se na comprovação de que o benefício social, quantificado em valores monetários e considerado num instante ou período, é maior que o custo equivalente no mesmo instante ou período.

É importante ressaltarmos que em investimentos voltados para atender às necessidades sociais é difícil quantificarmos as receitas geradas ao utilizar preços de mercado. Por exemplo: uma hidrelétrica gera energia, que é quantificada em reais, e traz conforto e desenvolvimento por onde passa, benefício que é difícil de traduzir-se em valores monetários. Pode ser que o projeto gere custos cuja quantificação não seja aferida pelo sistema de preços, como no caso da perda de reservas minerais na área que vai ser inundada pela hidrelétrica ou, então, a poluição causada ao meio ambiente por determinada indústria.

Os benefícios e custos decorrentes do uso de bens ambientais ocorrem ao longo do tempo. Se considerarmos determinado projeto, a diferença entre a soma de seus benefícios descontados e a soma de seus custos descontados dá a medida dos benefícios líquidos, positivos ou negativos, do projeto.

É válido destacar que, quando a mensuração monetária não estiver disponível, tanto para alguns benefícios como para os custos, devemos listá-los e descrevê-los.

Camargo (2007, p. 25) ressalta que um projeto é atrativo econômica e financeiramente quando os benefícios provenientes do investimento superam o valor inicialmente despendido. Para tanto, diferentes técnicas de análise de investimento são operacionalizadas com base em alguns parâmetros de comparabilidade, como a **Taxa Mínima de Atratividade**.

Depois de trabalharmos cada método isoladamente, podemos elaborar uma análise completa, considerando todos os métodos de avaliação de fluxos de caixa, considerando múltiplas alternativas de investimento.

Avaliação qualitativa

Muitas vezes, ao elaborarmos um projeto, não possuímos condições de aplicar um método quantitativo devido à **inexistência de dados**, e nessa situação utilizamos a **avaliação qualitativa**, também chamada de *método qualitativo*, aquele que se preocupa com um nível de realidade que não pode ser quantificado.

Teixeira (2002, citado por Silva 2005, p. 82) afirma que esse tipo de avaliação ou método deve ser utilizado quando, ao elaborarmos o projeto, tivermos a intenção de nos inteirarmos dos seguintes aspectos:

- Qual a percepção dos funcionários da fábrica?
- Qual o significado de determinado sistema?
- Qual o processo ou trajetória da adoção de dado sistema de produção?
- Quais os saberes, conhecimentos sobre um determinado sistema?

O processo de elaboração e análise de um projeto se torna mais complicado quando consideramos quem vai decidir sobre o investimento, as hipóteses e as **considerações extraprojetos**, ou seja, as análises qualitativas.

Para utilizarmos esse método, podemos aplicar a lógica da análise fenomenológica, isto é, da compreensão dos fenômenos (fatos que acontecem naquele ambiente e que estão sendo pesquisados). Existem inúmeras técnicas qualitativas de previsão, sendo a **técnica Delphi** a mais utilizada.

Demo (2006, p. 13) afirma que um dos piores problemas da pesquisa qualitativa é sua imprecisão conceitual, a começar pelo **conceito de qualidade**. A ideia etimológica de qualidade privilegia o conceito de essência, dando ao fenômeno uma conotação do que lhe seria mais próprio e definidor, além da expectativa comum de que representaria a parte central na qual tudo poderia ser resumido.

A avaliação qualitativa, embora difícil de parametrizar, pode ser elaborada por meio de indicadores de desempenho, quando as normas e procedimentos externos não existirem ou não atenderem às necessidades do projeto. Mas, para melhor compreensão, iremos nos aprofundar mais nesse procedimento, ou seja, nos indicadores de desempenho.

Indicadores de desempenho

Os indicadores são utilizados para medir a eficácia e a eficiência do projeto e consequentemente sua efetividade. Podem ser indicadores de qualidade ou de eficácia e de produtividade ou de eficiência.

Um indicador é uma variável que representa outras variáveis mensuráveis e sua função é avaliar o desempenho do projeto, ou seja, é um parâmetro quantificável e comparável, derivado de alguma informação ou dado básico, gerado pelo projeto ou associado ao mesmo.

O indicador deve ser facilmente compreendido por todos, para fornecer parâmetros à sua otimização. Para defini-lo, é necessário identificarmos qual a dimensão mais adequada para caracterizarmos o desempenho do projeto. As dimensões são os aspectos ligados às necessidades internas e externas do projeto, tanto durante sua elaboração como na sua operacionalização.

Os indicadores de cada projeto devem ser estabelecidos e medidos periodicamente, visando identificar possíveis desvios que interfiram em seu desempenho em relação aos objetivos e às metas. Dessa forma, as medidas do projeto são fundamentais para o perfeito entendimento das características e relações dos produtos ou serviços gerados. A abrangência dos mecanismos de desempenho pode se referir à qualidade, à rapidez, à confiabilidade e à flexibilidade.

Não existe uma fórmula única para medirmos a qualidade, isto é, na prática, cada produto ou serviço necessita de suas próprias unidades de medida. Por exemplo: qualidade numa fábrica de automóvel pode significar "todos os componentes são fabricados conforme as especificações técnicas"; em um supermercado, "os produtos estão em condições adequadas de comercialização"; no hospital, "os pacientes recebem o tratamento mais apropriado". Para cada dimensão a ser medida – qualidade, rapidez, flexibilidade e confiabilidade –, devemos elaborar uma tábua ou matriz de referência e compará-la com determinado padrão normativo de desempenho.

Os objetivos em relação aos indicadores de desempenho ambiental numa organização são demonstrados no Quadro 2.3 a seguir.

Quadro 2.3 – Os objetivos e os indicadores de desempenho

Objetivos	Indicadores de desempenho
• Reduzir os resíduos e o esgotamento de resíduos.	• Quantidade de matérias-primas ou energia utilizada.
• Reduzir ou eliminar a liberação de poluentes.	• Quantidade de emissão de óxido de carbono (CO).
• Projetar produtos de modo a minimizar seus impactos ambientais nas fases de produção.	• Produção de resíduos por quantidade de produtos acabados.

(continua)

(Quadro 2.3 - conclusão)

• Controlar o impacto ambiental das fontes de matérias-primas.	• Eficiência no uso de materiais e energia.
• Minimizar qualquer impacto ambiental adverso significativo de novos empreendimentos.	• Número de incidentes ambientais (ex.: desvios acima do limite).
• Promover a conscientização ambiental entre os empregados e a comunidade.	• Número de acidentes ambientais (ex.: liberações não planejadas).
	• Porcentagem de resíduos reciclados.
	• Número de quilômetros rodados pelos veículos por unidade de produção.
	• Quantidade de poluentes específicos, tais como NO, SO, CO, PB, CFC, ETC.
	• Investimento em proteção ambiental.
	• Número de ações judiciais.
	• Área de terreno destinada à reserva natural.

Exemplo integrado.
Objetivo: Reduzir a energia requerida para operações industriais.
Meta: Atingir uma redução de 10% no consumo de energia em relação ao ano anterior.
Indicador: Quantidade de combustíveis e energia elétrica por unidade de produção.

Fonte: ABNT, NBR ISO 14004, 1996, citado por Barbieri, 2004, p. 160.

Esses indicadores são elementos importantes para a definição dos objetivos e das metas de qualquer projeto ou organização.

A avaliação quantitativa não deve desprezar a qualitativa, pois há consensos possíveis em torno dos dados e informações e, por isso, ambas as avaliações são complementares e não excludentes.

A avaliação qualitativa não está isenta de quantificação nem a quantitativa prescinde de raciocínio lógico.

Não existe uma fórmula única sobre como medir a qualidade dos produtos e serviços de um projeto.

Na prática, cada produto ou serviço necessita de suas próprias unidades de medida.

Ambas a avaliações, com abordagens diferentes, contribuem para identificar as viabilidades do projeto.

Conclusão do projeto

A essência de um estudo, seja ele um projeto, seja ele plano, está na conclusão, que deve estar fundamentada em deduções lógicas e corresponder aos objetivos do projeto como um todo.

A conclusão não constitui um resumo do projeto, mas deve explicitar os resultados qualitativos e quantitativos, assim como as consequências da adoção ou não do projeto, ressaltando seu alcance e suas contribuições. Deve apresentar uma visão analítica do corpo do projeto, relacionando suas etapas, fatores e subdivisões.

A conclusão deve ser sustentada nos dados inferidos das diversas etapas e fatores do projeto e reforçar alguns conceitos importantes e relevantes para justificá-lo. Logo, não devem ser inseridos novos argumentos. Deve conter, ainda, a justificativa da rentabilidade e a análise da contribuição do projeto para o desenvolvimento do país ou região considerados.

O encerramento de um projeto abrange outras atividades administrativas, como a desmobilização e realocação de equipe e de outros recursos, a homologação do produto ou serviço em organismos de regulamentação, o fechamento e apresentação das contas, ressaltando que um novo ciclo pode ser iniciado.

Quando a elaboração do projeto chega ao término, não podemos afirmar que é o fim do projeto, porque muitas atividades precisam ser realizadas depois de sua produção, como a implantação de soluções, a manutenção, o treinamento, a venda de produtos e ideias, a identificação e o planejamento de novos projetos e, sobretudo, a avaliação. A equipe do projeto também precisa ser desmobilizada.

O encerramento é, muitas vezes, o início de outra fase. Por exemplo: um novo produto que entra na linha de produção, mais adiante, necessitará de aprimoramentos. A perspectiva de outro empreendimento reinicia todo o processo de elaboração de projetos.

Na conclusão do projeto, devem ser evidenciados os resultados obtidos por meio das inferências embasadas nestes. Após essas inferências, devemos elaborar as recomendações positivas e negativas para implantação e operacionalização do empreendimento.

> CONEXÕES COM A PRÁTICA
>
> Por se tratar de material de fonte oficial (Ministério da Integração Nacional) e direcionado especificamente para **projetos de investimentos**, consideramos oportuno você acompanhar a estrutura e os desdobramentos do roteiro estabelecido no *Manual de apresentação de projetos* para o Fundo de Desenvolvimento do Nordeste (FDNE[15]), ao qual já nos referimos anteriormente. Ele foi organizado em sete tópicos fundamentais:

---

15 Disponível no *link*: <http://www.sudene.gov.br/conteudo/download/Manual%20para%20projetos-FNDE.doc>. Acesso em: 19 abr. 2011.

1. informações sobre a empresa titular do projeto (preenchimento de dados referentes a pessoa física e/ou jurídica);
2. localização, mercado e programa de produção e vendas;
3. processo de produção;
4. investimentos (fixos e inversões circulantes);
5. custos totais;
6. investimentos e mobilização de recursos;
7. avaliação.

Você irá verificar que atende aos requisitos levantados durante a nossa discussão sobre o tema, já devidamente configurados em uma aplicação prática.

3

Dimensionamento, horizonte de planejamento e riscos do projeto de investimento

"A capacidade de buscar informações
e aprender é que faz a diferença."
Armani (2008, p. 21)

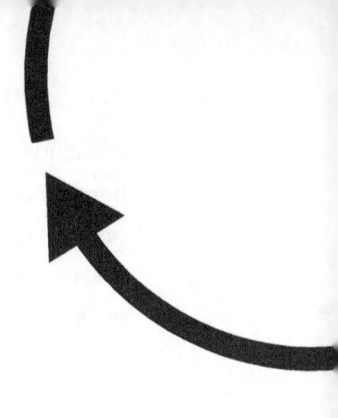

No capítulo anterior, você pôde observar todos os aspectos que constituem um projeto de investimento, ou seja, a estrutura do projeto. No entanto, é necessário alertarmos para o fato de que, uma vez diagnosticada a necessidade de elaboração de determinado projeto[1], é necessário procedermos à análise de certas premissas ou fatores de risco, de forma a mantê-los, se possível, sob controle durante sobre o processo de elaboração, implantação e/ou execução do projeto. Assim, neste capítulo, abordaremos a forma como devem ser expostas as informações utilizadas no projeto e a classificação das projeções quanto ao prazo, ao dimensionamento e ao tempo estimado da duração do empreendimento, isto é, o horizonte de planejamento, sendo este um dos primeiros problemas a serem analisados por uma gerência de projetos.
O capítulo também identifica alguns riscos que podem inviabilizar o projeto, por implicarem aumento excessivo de custo, bem como atrasos no cronograma ou comprometimento do resultado esperado.

---

1 O termo *projeto* deve ser compreendido neste capítulo como *projeto de investimento*.

3.1 Informações de um projeto

A qualidade das informações geradas e utilizadas durante a elaboração de um projeto é tão importante quanto as decisões que serão tomadas com base nelas e suas consequentes ações. Os dados desatualizados e de baixa precisão não devem ser utilizados, pois podem nos conduzir a uma análise qualitativa e quantitativa de pouca utilidade, comprometendo todo o projeto.

As informações devem ser:

- **Relevantes**: Devemos utilizar somente a informação imprescindível para esclarecer as características de determinado produto ou serviço.
- **Coerentes**: As informações devem demonstrar a ligação ou coesão com determinada situação.
- **Profundas**: Devemos utilizar dados quantitativos ou qualitativos, pois não são excludentes e sim complementares.
- **Confiáveis**: As informções devem ser fidedignas, isto é, merecedoras de crédito.
- **Objetivas**: As informações devem ser voltadas para o produto ou para o serviço a ser disponibilizado, alcançando o objetivo proposto.

O volume de informação, tanto primária como secundária, é muito grande e dá origem à projeção dos valores, que, se não for tratada adequadamente, pode se constituir numa fonte de risco irreversível para o projeto.

> **INTERTEXTOS E CONTEXTOS**
>
> KEELING, R. *Gestão de projetos*: uma abordagem global. São Paulo: Saraiva, 2002.
>
> Consideramos necessário esclarecer que os projetos de investimentos, os projetos financeiros e/ou os projetos de pesquisa são cada vez mais valorizados em função da "gestão por projetos", tema sobre a qual você pode ampliar o seu horizonte com a leitura da obra de Ralph Keeling. Esse livro, como afirma o Professor Orlando Cattini Junior (ao redigir a apresentação na versão para a nossa língua), privilegia a visão estratégica: "[...] já que focaliza os empreendimentos sob todos os seus aspectos". Acrescentamos a isso, como fator relevante para recomendar essa leitura, o fato de que todos os aspectos são devidamente ilustrados por "estudos de caso", o que a torna um estudo bastante claro e objetivo.

3.2 Dimensionamento e horizonte de planejamento

Uma vez definido o bem ou o serviço que é objeto do projeto, é necessário projetarmos a sua oferta e a sua demanda no horizonte de planejamento (HP) predeterminado. O horizonte de planejamento ou de projeto nada mais é que o **período de tempo estimado durante o qual o empreendimento em análise irá operar ou, ainda, o maior período de tempo futuro para o qual é possível fazer estimativas confiáveis.** Os projetos, por sua natureza, diferem muito quanto ao seu horizonte de planejamento, e a decisão quanto ao seu tamanho é influenciada tanto por fatores ligados à natureza dos projetos de investimento quanto por fatores relacionados às características da empresa. A mesma empresa pode admitir, para determinado projeto, horizontes de planejamento diferentes do usual, assim como projetos idênticos podem ser analisados sob horizontes diferentes, por empresas distintas.

Todo projeto envolve um tempo para ser implantado e operacionalizado plenamente e só tem sentido se considerado dentro do contexto de um período predeterminado. Nas palavras de Rezende e Oliveira (1987, p. 9), "Um projeto se traduz no investimento de recursos durante algum tempo, na expectativa de obtenção de produtos nos períodos subsequentes e, portanto, só tem sentido dentro do contexto de um período de tempo determinado". Ainda de acordo com os mesmos autores, "Esse horizonte [de planejamento] pode ser finito ou infinito. Ele será finito quando a avaliação do investimento for fixada em um certo período de tempo e será infinito no caso de existir continuidade da atividade durante um período tão longo que possa ser considerada perpétua" (1987, p. 9-10).

> A **variabilidade dos prazos** se dá em função do tipo de projeto, dependendo das condições específicas em que funciona o mercado do produto ou em que é prestado o serviço. Ela pode alterar-se consideravelmente, como nos projetos relacionados à tecnologia de informação, nos quais a obsolescência dos produtos e serviços é muito rápida, e em muitas outras situações, porque esse fator obedece à dificuldade de projeção para os prazos mais longos e também à demora do período de maturação de algumas inversões, isto é, de alguns recursos financeiros aplicados para aumentar a capacidade produtiva.

A duração de um projeto é calculada com base na identificação de todas as atividades no cronograma, no qual é calculada a duração do projeto a partir da diferença entre a data de início da primeira atividade e a data de término da última atividade.

De acordo com Robbins (2000, p. 117), os analistas financeiros costumam descrever os retornos sobre os investimentos como em curto, médio e longo prazos.

- **Curto prazo**: Abrange menos de 1 ano, também chamado de *conjuntural*.
- **Médio prazo**: De 1 até 5 anos.
- **Longo prazo**: Mais de 5 anos.

No que concerne às decisões de investimentos, os projetos normalmente são de médio e longo prazo, pois possuem um prazo de implantação e maturação, que em geral é superior a 1 ano.

Nesse sentido, Souza e Clemente (1998, p. 239) afirmam que "a estabilização monetária e o cenário macroeconômico do Brasil estão possibilitando aos empresários distinguir entre as necessidades de financiamento de curto e longo prazo". Normalmente, as necessidades de financiamento de curto prazo se referem ao ativo circulante, enquanto as de longo prazo se destinam à modernização, à realocação, à expansão e à diversificação.

Planejar para um período muito longo ou muito curto pode não ser eficaz e comprometer o projeto. Por exemplo: se o projeto contemplar a construção de uma usina hidrelétrica, cujos recursos alcançam bilhões de reais, o prazo geralmente ultrapassa 20 anos, enquanto a mudança de um sistema de controle de estoques pode ser elaborada em menos de um ano. Como bem afirma Robbins (2000, p. 117), "Quanto mais os planos atuais afetarem comprometimentos futuros, mais longo será o prazo para os gerentes planejarem". Esse dimensionamento deve, portanto, proporcionar projeções sobre a capacidade potencial de receitas e despesas que devem ser instaladas no projeto ao longo do horizonte de planejamento, de modo que a inversão possa ser programada de forma flexível, quando não haja restrições técnicas para isso.

Os estudos que permitem orientar a decisão sobre o tamanho do projeto incluem, de acordo com o que mostra Cosenza (1998, p. 110):

> a) **estimativa** do mercado atual e previsão do seu crescimento;
>
> b) **evolução** das importações e preços dos produtos importados (considerando-se a possibilidade de redução desses preços);
>
> c) **seleção** das tecnologias existentes. Confronto entre especificações técnicas, preços dos equipamentos e custos de produção;
>
> d) **existência** de projetos semelhantes e planos de expansão das empresas concorrentes;
>
> e) **análise** dos condicionantes técnicos e econômicos que influenciam a localização espacial e, portanto, os custos finais; e
>
> f) **facilidades fiscais** e outras proteções oficiais, que devem ser analisadas considerando-se o longo prazo e não apenas conveniências momentâneas. [Grifo nosso]

Não existem regras para estipular o horizonte de planejamento. A existência de diferenças nesse aspecto é resultado das metodologias utilizadas em cada organização e do tipo e das características do produto e/ou serviço disponibilizado no projeto. Também devem ser consideradas as condições econômicas, sociais e tecnológicas ligadas à utilização dos recursos, principalmente aquelas que determinam o fator de risco do projeto. No entanto, o dimensionamento de um projeto conta com um procedimento fundamental: **é preciso verificar qual o volume mínimo de produção que justifique o investimento, independentemente de outros fatores.**

Uma decisão inadequada sobre os prazos, isto é, sem considerar fatores ligados à natureza do projeto de investimento e às características da empresa, pode incorrer em riscos irreversíveis durante a implementação do projeto. Vejamos um pouco mais a respeito desse assunto na seção a seguir.

3.3 Riscos do projeto

Um planejamento eficaz, assentado em informações confiáveis e satisfatórias, que, além de mencionarem a existência do risco, avaliam seu impacto qualitativo e quantitativo sobre os resultados do projeto, pode assegurar que os riscos sejam devidamente identificados, analisados e, sobretudo, gerenciados. Em outras palavras, quanto maior for o nível de informação, isto é, do conhecimento a respeito das implicações desejáveis e indesejáveis utilizadas na elaboração de um projeto, menor será o nível de risco.

Podemos verificar uma recente e crescente preocupação, por parte dos administradores, com o gerenciamento dos riscos que podem ocorrer nas organizações. A seguir, serão apresentados os conceitos de risco que utilizamos neste livro.

O planejamento de qualquer atividade apresenta uma série de dificuldades e de riscos, que podem ser definidos como a possibilidade de as atividades não ocorrerem conforme o previsto ou como a probabilidade de que algum evento indesejável ocorra, acarretando perda ou dano. Segundo Bernstein (1997), a palavra *risco* vem do italiano *risicare*, que significa "ousar". Nas palavras do autor, "Nesse sentido, o risco é uma opção e não um destino"(1997, p. 8). Como bem afirmam Paxson e Wood (1998, p. 159), "Risco pode simplesmente ser definido como exposição à mudança. É a probabilidade de que algum evento futuro ou conjunto de eventos ocorra. Portanto, a análise do risco envolve a identificação de mudanças potenciais adversas e do impacto esperado como resultado na organização". Considerando tal entendimento, devemos identificar no ato do planejamento de determinada atividade os componentes básicos do conceito de risco, que são o potencial, a incerteza e a relevância de dado risco para determinado projeto.

Tal é a importância desse procedimento que, como bem afirmam Lorea e Graciani (2007), caso um risco não seja identificado e gerenciado, este pode comprometer o projeto no que concerne ao aumento de custos, aos atrasos no cronograma ou ao comprometimento do desempenho. Nesse sentido, o que observamos nas organizações é que os equívocos estratégicos, os acidentes operacionais, os desvios financeiros e as alterações do cenário (no qual elas estão contextualizadas) são exemplos de riscos capazes de levar um negócio à falência.

Durante o processo de elaboração do projeto, alguns riscos podem ser identificados:

- não aprovação do projeto;
- formação de um grupo de técnicos não comprometidos com o projeto;
- realização de treinamento;
- atraso nas especificações técnicas ou na validação do sistema escolhido (aspecto ligado à qualidade do projeto);
- variações dos custos de equipamentos ou na negociação de contratos.

A visão antecipada desses riscos e a sua correta identificação e compreensão podem salvar o projeto.

Uma das tarefas mais difíceis para quem toma decisões é a **análise das alternativas**, que é realizada segundo um entre três conjuntos de condições, de acordo com Robbins (2000, p. 59):

a) **Condições de certeza** – *o tomador de decisão conhece de antemão o resultado da decisão.*

b) **Condição do valor esperado** – *é um conceito que permite aos tomadores de decisão atribuir um valor monetário às consequências positivas e negativas que provavelmente resultem da seleção de determinada alternativa.*

c) **Situação de risco** – *são as condições nas quais aquele que toma decisões é capaz de avaliar a probabilidade de alternativas ou resultados.*
[grifo nosso]

Os **riscos** enfrentados pela empresa são classificados por Jorion (2000, p. 469) em dois grandes grupos:

- Riscos Vinculados ao Negócio (Business Risk): *constituem a competência requerida para qualquer empreendimento e são específicos a cada tipo de empresa. São os riscos de produto, risco macroeconômico e risco tecnológico.*

- Riscos Não Vinculados ao Negócio (Nonbusiness Risk): *são os riscos que estão fora do controle da organização como risco de evento (legal, reputação, desastre e regulamentação e político) e riscos financeiros (mercado, crédito, liquidez e operacional).*

O **risco operacional**, segundo a abordagem desse autor, é o risco de perdas diretas ou indiretas resultantes da falha ou da inadequação de **processos, sistemas** ou **pessoas**. Como exemplo, podemos citar profissionais cujos cargos, algumas vezes de alta posição gerencial, carecem de nível de escolaridade ou conhecimento compatível com a função que esses profissionais não possuem. A utilização de um sistema de gerenciamento de projeto inadequado não será capaz de suportar as necessidades do projeto de forma efetiva e eficiente, da mesma forma que a ausência desses sistemas dificulta o acompanhamento nas organizações orientadas por projetos, isto é, empresas cujas operações consistem basicamente de projetos.

Alguns dos riscos mais importantes e evidentes, de acordo com Graeml (2000, p. 118), são: **técnicos** e **de projeto, financeiros, de funcionalidade** e **sistêmicos**.

Riscos Técnicos e de Projeto: a atividade de produção envolve as decisões relacionadas à definição da capacidade produtiva, às instalações físicas e à escolha da tecnologia. O risco técnico ocorre quando a tecnologia que suporta o projeto pode não estar disponível ou não ter a maturidade suficiente.

Riscos Financeiros: a empresa pode não ter a capacidade para suportar o fluxo de caixa associado ao investimento. Por isso, deve ser feito um levantamento dos recursos financeiros necessários para a execução do projeto. Quando se trata de recursos financeiros, devemos ser conservadores, isto é, antecipar as expectativas de desembolsos e postergar as expectativas de receitas para não comprometermos o projeto.

Riscos de Funcionalidade: ocorre quando o grau de detalhamento e precisão não estão claros ou quando o projeto ao ser concluído não atende aos requisitos que o motivaram. Quanto menos claros forem os objetivos dos usuários em sua especificação, maior a probabilidade de que suas expectativas não sejam atingidas.

Riscos Sistêmicos: o risco sistêmico pode ser definido como a possibilidade latente, desconhecida pelos participantes do mercado. Ocorre quando a empresa não possui controle, nem informações perfeitas, sobre as ações da concorrência, sobre as ações regulatórias do governo, sobre a conjuntura macroeconômica. Os riscos sistêmicos são desencadeados por fatores extraprojeto. A globalização da economia e a fluidez do mercado financeiro trouxeram enorme instabilidade aos mercados, em parte, decorrente do grande volume de capitais especulativos existentes no mundo e dispostos a circular em busca da melhor remuneração momentânea Crise locais transformaram-se em riscos para todo o mercado mundial, como a crise do México em 1994, a dificuldade dos tigres asiáticos, em 1997, crise da Rússia em 1998 e recente crise norte americana desencadeada em 2008 e 2009. [grifo nosso]

O Quadro 3.1 a seguir mostra alguns riscos que podem ocorrer, seus efeitos sobre o projeto e algumas medidas que o gerente de projeto pode utilizar para minimizá-los.

Quadro 3.1 – Riscos do projeto, causas do risco, efeitos sobre o projeto e medidas mitigadoras

Riscos	Causas do risco	Efeitos sobre o projeto	Medidas mitigadoras
1– Financeiro	Orçamento insuficiente.	Aumento do custo do capital. Atraso no cronograma.	Avaliar o orçamento inicial e disponível para a elaboração do projeto.
2 – Ambiental	Danos ao meio ambiente.	Aumento dos custos do projeto. Pagamento de multas ambientais. Comprometimento da imagem institucional.	Seguro contra eventos naturais, incêndios ou acidentes, como derramamento de substâncias tóxicas no meio ambiente. Desenvolver uma política ambiental.

A lista das fontes de risco deve ser abrangente e pode ser organizada com base no contexto do projeto, de sua tecnologia, das questões relativas ao produto ou serviço e de fontes internas como habilidades dos membros da equipe do projeto.

3.3.1 Planejamento de respostas aos riscos

É uma tendência crescente entre as grandes corporações a contratação de um profissional voltado apenas à avaliação minuciosa dos riscos inerentes aos negócios, denominado *chief risk officer* (CRO). O CRO é um profissional que avalia também os processos internos, como problemas relacionados às compras, em que os riscos de erro causam custos desnecessários.

Considerarmos os riscos em um projeto significa nos anteciparmos estrategicamente aos imprevistos, e é por meio da avaliação dos riscos que o tomador de decisão poderá avaliar a probabilidade de estes ocorrerem e o impacto sobre o projeto. Mas, para isso, os riscos precisam ser claramente identificados e compreendidos, pois, quando reduzimos os riscos, a produtividade cresce e consequentemente os ganhos aumentam.

A identificação do risco envolve determinar quais riscos poderiam afetar o projeto e verificar suas características. Esse procedimento pode ser feito por meio do *brainstorming* (processo de geração de ideias), da técnica Delphi (baseada nas estimativas de um grupo estruturado de especialistas), de entrevistas com especialistas no assunto e da análise da Matriz SWOT, que consiste em identificar os pontos fortes e fracos e analisar as oportunidades e ameaças de um negócio.

Uma das formas de minimizar os efeitos dos riscos de um projeto é por meio do **plano de contingência**. Este é definido como um conjunto de ações, procedimentos e medidas de segurança preventivas a serem adotadas e que visam disponibilizar soluções imediatas para o restabelecimento de uma situação ou para a recuperação relacionada a alguma falha.

Devemos considerar uma série de componentes-chave quando elaboramos um plano de contingência, a saber:

- identificar crises ou problemas que possam afetar o projeto;
- reunir informações sobre as causas potenciais e os efeitos de tais crises ou problemas;
- decidir ações e procedimentos a serem tomados.

O Quadro 3.2 a seguir mostra alguns exemplos de tipos de falhas e medidas contingenciais.

Quadro 3.2 – *Tipos de falhas e medidas contingenciais*

Tipos de falhas	Medidas contingenciais
Resultado com erros.	Definir ações para verificar a correção das informações geradas e utilizadas.
Falha tanto no processo de produção quanto em outros processos do projeto.	Desenvolver sistemas alternativos capazes de possibilitar a execução do processo.
Falha no fornecimento do produto.	Desenvolver processos alternativos de troca de informações para estimar as reais necessidades de abastecimento de um produto provocadas pelo aumento do consumo.

De acordo com Brasiliano (2005, p. 3-4),

um dos grandes fatores de risco ou fatores facilitadores para a concretização dos riscos é o trabalho preventivo. Esse enfoque é estratégico, pois além de mitigar condições inseguras em inúmeros processos, possui também como alavanca estratégica o gerenciamento de situações de contingência. O grande problema da contingência é a aceitação de que o risco existe e que pode acontecer. Este é inevitável e imprevisível, apesar de todo e qualquer esforço para evitar ou até mesmo diminuir a chance e probabilidade de ocorrência. É uma dificuldade encarar que a empresa pode enfrentar uma crise. Em virtude disso, o plano de contingência irá orientar a empresa por meio de uma ação refletida e apropriada, com o alicerce da normatização.

O plano de contingência, também denominado *plano de continuidade* ou *reserva técnica*, é imprescindível porque estabelece mecanismos de intervenção possível para minimizar os riscos. Falaremos mais sobre a necessidade de controle na seção a seguir.

3.3.2 Controle e monitoramento dos riscos

De acordo com o PMI (2000, p. 114), o controle e a monitoração dos riscos fazem parte do processo de manutenção da rastreabilidade das ameaças identificadas, da averiguação dos riscos residuais e da identificação de problemas novos, da certificação da execução dos planos de risco e da avaliação da sua efetividade na redução de ameaças, visto que uma administração ciente dos possíveis riscos é capaz não só de mensurá-los, mas também de gerenciá-los, permitindo uma estimativa correta das perdas potenciais às quais as empresas estão expostas. A tendência é que as organizações modernas disponham de tecnologias "para prever, planejar e alertar sobre os riscos, em vez de dar respostas *ad hoc* às crises geradas pelos mesmos [...]" (Freitas; Gomez, 1997, p. 491).

Em dezembro de 2009, foi lançada a primeira versão da **ISO 31000** (ABNT, 2009), conjunto de diretrizes que trata das questões de gerenciamento de risco, cuja finalidade é assegurar que os riscos sejam identificados e gerenciados, tanto nas atividades como nos projetos e organizações.

O controle das respostas aos riscos, ainda de acordo com o PMI (2000, p. 121), envolve a execução do plano de gerência de riscos a fim de responder aos eventos de riscos no decorrer do projeto. Quando as mudanças ocorrem, o ciclo básico de identificação, quantificação e respostas se repete. É importante compreender que mesmo a mais cuidadosa e completa análise não pode identificar todos os riscos e as probabilidades corretamente, fato que torna o controle e as interações sempre necessários.

Valeriano (2001, p. 273) ressalta que o processo de controle de riscos acompanha e verifica se a implementação de respostas a riscos e os procedimentos foram feitos como planejado, se há necessidade de novas respostas e a ocorrência de alterações (ambiente, hipóteses, restrições, execução do projeto etc.) que possam mudar o estabelecido no plano de gestão dos riscos. Além disso, o processo pode envolver escolha de linhas de ação, emprego do plano de contingência, tomada de ação corretiva ou replanejamento do projeto nas partes necessárias.

O controle e o monitoramento dos riscos podem ser feitos por meio de:

- **auditorias** de respostas aos riscos do projeto em que os auditores de risco examinam e documentam a efetividade da resposta ao risco;
- **revisões** periódicas dos riscos do projeto, lista de verificações;
- **planejamento** adicional, utilizando pedidos de mudanças. como atualização do plano deda gestão de riscos.

Partindo do princípio de que a eliminação total dos riscos é uma utopia, a maioria dos autores optou por utilizar o verbo *mitigar*, isto é, atenuar, e nesse sentido é necessário preocuparmo-nos com a administração integrada desses riscos, utilizando ferramentas capazes não só de mensurá-los, mas também de gerenciá-los.

A identificação de riscos consiste em determinar quais as prováveis ameaças, tanto internas como externas, positivas ou negativas, que poderão afetar o projeto, além de simultaneamente documentar as características de cada problema durante a vida útil do projeto.

Cada situação de risco exige métodos e técnicas específicas. David Apgar, citado por Lorea e Graciani (2007), afirma que muitos riscos parecem aleatórios porque sabemos muito pouco sobre eles e que:

> *o grau de incerteza é diretamente proporcional ao nosso grau de desconhecimento a respeito de um evento. Para estimular o desenvolvimento das habilidades de gerenciamento de riscos, o autor faz quatro recomendações:*
> *1. reconhecer os riscos não aleatórios, isto é, sobre os quais é possível aprender mais;*
> *2. identificar os riscos não aleatórios sobre os quais se pode aprender mais depressa;*
> *3. aprender os riscos de um projeto de cada vez;*
> *4. ter rede de parceiros para compartilhar o aprendizado sobre riscos.*

A quantidade de risco que uma organização ou uma pessoa está disposta a assumir é uma característica individual e pode variar conforme o tempo. Por exemplo: um risco pode ser plenamente aceitável para determinada pessoa e empresa e inadmissível para outras.

Agora que você já observou a estrutura de um projeto de investimentos com seus principais aspectos determinantes, bem como os fatores impactantes na análise de viabilidade, vamos apresentar uma tabela que resume os tópicos básicos das etapas de elaboração de um projeto.

Quadro 3.3 – Interligações das atividades em um projeto de investimentos

Etapas do projeto	Atividades
Prospecção de mercado	Pesquisar informações, levantar dados. Analisar e classificar as informações coletadas. Estimar a demanda e a oferta do produto. Analisar o equilíbrio de mercado.
Tamanho e localização	Identificar e descrever os fatores que influenciam a implantação do projeto. Avaliar a relevância para o projeto de cada um dos fatores identificados. Analisar os locais para implantação do projeto. Definir a capacidade ideal para atender a demanda.
Elaboração ou engenharia do projeto	Anotar, descrever e detalhar de forma completa as informações sobre o funcionamento do projeto.
Estudo de viabilidade	Utilizar técnicas da matemática financeira e da economia. Analisar a viabilidade do projeto, considerando para isso os dados das outras atividades.

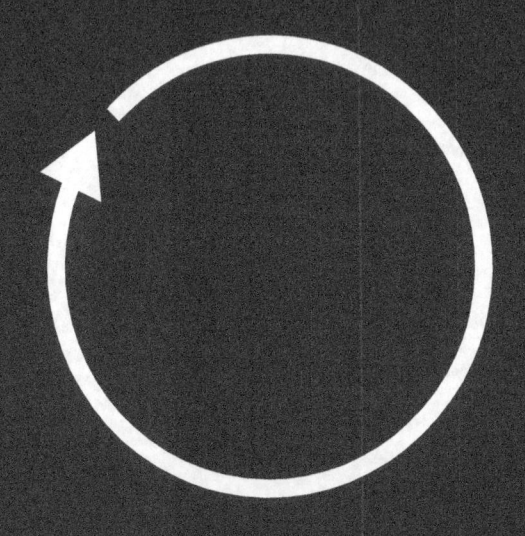

Para concluir...

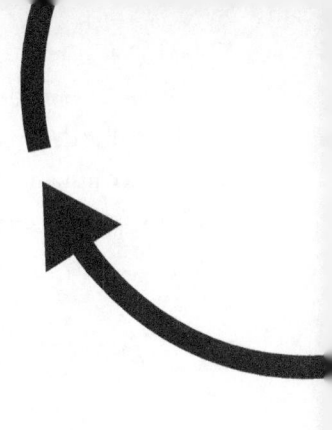

Nosso objetivo nesta obra foi apresentar os conceitos, as etapas e os fatores de um projeto de forma clara e didática, para facilitar a aprendizagem sobre a elaboração de projetos pelos profissionais interessados no tema, principalmente em projetos de investimentos. Buscamos reunir um conjunto de informações úteis e objetivas, articuladas metodologicamente, formando um contexto coerente para fundamentar uma decisão sobre a conveniência ou não de realizarmos determinado investimento.

As organizações, que estão ficando mais enxutas, seja por meio da reengenharia, seja pela redução ou adequação do quadro de funcionários, dependerão de projetos e gerentes de projetos para executarem o trabalho que anteriormente era realizado por departamentos.

A elaboração de projetos pode ser considerada uma arte, em vez de uma ciência, pois existem muitas formas diferentes de abordarmos um projeto, e encontrar a maneira correta para organizá-lo depende da experiência do seu elaborador.

Ressaltamos que o roteiro desenvolvido é apenas indicativo, explorando temas correntes principalmente sobre a elaboração e análise de projetos. O que precisa ficar internalizado é que cada projeto apresenta características próprias, condicionando uma maior ou menor ênfase em determinado fator ou etapa durante sua elaboração.

Considerando que as situações encontradas na elaboração e análise de um projeto são flexíveis e variadas, o espírito deste trabalho é justamente contribuir para a formulação geral de um projeto no sentido de servir de base para a tomada de decisão.

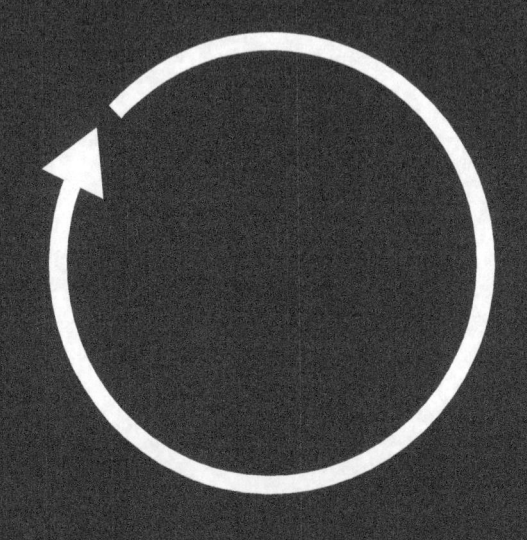

Referências

ABNT – Associação Brasileira de Normas Técnicas. **NBR – ISO 31000/2009**. Rio de Janeiro, 2009.

ABONG – Associação Brasileira de Organizações Não Governamentais. **Manual de fundos públicos**. São Paulo: Peirópolis, 2003.

APGAR, D. **Risk Intelligence**: Learning to Manage What We Don't Know. Watertown, MA: Harvard Business School Press, 2006.

ARGYRIS, C. **Enfrentando defesas empresariais**. Rio de Janeiro: Campus, 1992.

ARMANI, D. **Como elaborar projetos?**: guia prático para elaboração e gestão de projetos sociais. Porto Alegre: Tomo Editorial, 2008.

ARNALDO, J.; PAVANI, C. **Planejamento e organização de marketing**. Apostila do Curso de Pós-Graduação em Marketing. [s.l.]: Isae/Ed. da FGV, 1997.

ASSEF, R. **Guia prático de administração financeira**: pequenas e médias empresas. 2. ed. Rio de Janeiro: Campus, 1999.

BARBIERI, J. C. **Gestão ambiental empresarial**: conceitos, modelos e instrumentos. São Paulo: Saraiva, 2004.

BELCHIOR, P. G. O. **Planejamento e elaboração de projetos.** 2. ed. Rio de Janeiro: Americana, 1974.

BELL, M. L. **Marketing:** Concepts and Strategy, 3. ed. Boston: Houghton Mifflin, 1979.

BERNSTEIN, P. L. **Desafio aos deuses:** a fascinante história do risco. Rio de Janeiro: Campus, 1997.

BERTÉ, R. **Gestão socioambiental no Brasil.** Curitiba: Ibpex; São Paulo: Saraiva, 2009.

BERTÉ, R.; RAZZOLINI FILHO, E. **O reverso da logística e as questões ambientais no Brasil.** Curitiba: Ibpex, 2009.

BRASIL. Ministério da Integração Nacional. Sudene. **Manual de apresentação de projetos.** 2006. Disponível em: <http://www.sudene.gov.br/conteudo/download/Manual%20para%20projetos-FDNE.doc>. Acesso em: 19 nov. 2010.

BRASILIANO, A. C. R. Plano de contingência e gerenciamento de crise: chave para a sobrevivência do negócio. **Revista Eletrônica Brasiliano & Associados**, São Paulo, n. 19, p. 3-4, jul./ago. 2005. Editorial.

BUARQUE, C. **Avaliação econômica de projetos:** uma apresentação didática. 6. ed. Rio de Janeiro: Campus, 1991.

CALDAS, F.; PANDO, F. **Projetos industriais.** Rio de Janeiro: Apec, 1968.

CAMACHO, A.; SAMPAIO, M. J. C. **Manual para avaliação económico-social de projectos industriais.** Lisboa: Publicações Dom Quixote, 1992.

CAMARGO, C. **Análise de investimentos e demonstrativos financeiros.** Curitiba: Ibpex, 2007.

CAPRA, F. **O ponto de mutação:** a ciência, a sociedade e a cultura emergentes. São Paulo: Cultrix, 1997.

CARVALHO, H. M. **Introdução à teoria do planejamento.** São Paulo: Brasiliense, 1976.

CERVO, A. L. et al. **Metodologia científica.** 4. ed. São Paulo: Makron Books, 1996.

CHAIN, N. S.; CHAIN, R. S. **Preparación y evaluación de proyectos.** 2. ed. México: McGraw-Hill, 1989.

CHIAVENATO, I. **Gerenciando pessoas:** o passo decisivo para a administração participativa. 3. ed. rev. e amp. São Paulo: Makron Books, 1994.

CLELAND, D. I.; IRELAND, L. R. **Gerência de projetos.** Rio de Janeiro: Reichmann & Affonso, 2002.

COPELAND, T. E.; ANTIKAROV, V. **Opções reais:** um novo paradigma para reinventar a avaliação de investimentos. Rio de Janeiro: Campus, 2001.

COSENZA, C. A. N. Tamanho do projeto e economias de escala. In: SOUZA, J. E.; CLEMENTE, A. (Org.). **Projetos empresariais e públicos.** São Paulo: Atlas, 1998. p. 105-118.

DEMO, P. **Pesquisa e informação qualitativa:** aportes metodológicos. 3. ed. Campinas: Papirus, 2006.

DEUTSHER, J. A.; PAVANI, C. **Planejamento e organização de marketing.** Apostila de pós-graduação em Marketing. [s.l.]: Isae/Ed. da FGV, 1997.

EHRLICH, P. F. **Engenharia econômica:** avaliação e seleção de projetos de investimento. 3. ed. São Paulo: Atlas, 1983.

FERREIRA, A. A. et al. **Gestão empresarial:** de Taylor aos nossos dias. São Paulo: Pioneira, 2000.

FISCHMANN, A. A.; ALMEIDA, M. I. R de. **Planejamento estratégico na prática.** 2. ed. São Paulo: Atlas, 1991.

FREITAS, C. M. de; GOMEZ, C. M. Análise de riscos tecnológicos na perspectiva das ciências sociais. **História, Ciências, Saúde – Manguinhos**, Rio de Janeiro, v. 3, n. 3, p. 485-504, nov. 1996/fev. 1997. Disponível em: <http://www.scielo.br/scielo.php?script=sci_arttext&pid=S0104-59701996000300006&lng=en&nrm=iso>. Acesso em: 17 maio 2007.

GASTAL, E. **Enfoque de sistemas na programação da pesquisa agropecuária.** Rio de Janeiro: Iica, 1980.

GIBRAN, G. K. **O profeta.** Rio de Janeiro: Civilização Brasileira, 1965.

GRACIOSO, F. **Planejamento estratégico orientado para o mercado**: como planejar o crescimento da empresa conciliando recursos e "cultura" com as oportunidades do ambiente externo. 3. ed. São Paulo: Atlas, 1996.

GRAEML, A. R. **Sistemas de informação**: o alinhamento da estratégia de tecnologia da informação com a estratégia corporativa. São Paulo: Atlas, 2000.

HELDMAN, K. **Gerência de projetos**: fundamentos – guia prático para quem quer a certificação em gerência de projetos. Rio de Janeiro: Elsevier, 2005.

HIRSCHFELD, H. **Engenharia econômica e análise de custos.** 5. ed. São Paulo: Atlas, 1992.

HOJI, M. **Administração financeira**: uma abordagem prática. 4. ed. São Paulo: Atlas, 2003.

HOLANDA, N. **Planejamento e projetos.** Rio de Janeiro: Apec/MEC, 1975.

IPT – Instituto de Pesquisas Tecnológicas. **Sobre o IPT**: quem somos? Disponível em: <http://www.ipt.br/institucional>. Acesso em: 19 de nov. de 2010.

JIMÉNEZ, J. A. O. **Manual de proyectos de inversión**. Santa Cruz de la Sierra: Upsa, 2003.

JORION, P. **Value at Risk**: the New Benchmark for Managing Financial Risk. 2. ed. New York: McGraw-Hill, 2000.

JUNG, C. E. **Metodologia científica**: ênfase em pesquisa. 2003. Disponível em: <http://www.geologia.ufpr.br/graduacao/metodologia/metodologiajung.pdf>. Acesso em: 18 abr. 2011.

KEELLING, R. **Gestão de projetos**: uma abordagem global. São Paulo: Saraiva, 2002.

LAVILLE, C.; DIONNE, J. **A construção do saber**: manual de metologia da pesquisa em ciêncais humanas. Belo Horizonte: Ed. da UFMG, 2000.

LOREA, E.; GRACIANI, M. Obras do descaso. **Amanhã**, n. 229, mar. 2007. Disponível em: <http://amanha.terra.com.br/edicoes/229/capa01.asp>. Acesso em: 16 maio 2007.

LÜCK, H. **Pedagogia interdisciplinar**: fundamentos teórico--metodológicos. 2. ed. Petrópolis: Vozes, 1996.

MARTINS, P. G.; LAUGENI, F. P. **Administração da produção**. São Paulo: Saraiva, 2001.

MATTAR, J. **Metologia científica na era da informática**. 3. ed. São Paulo: Saraiva, 2008.

MAXIMIANO, A. C. A. **Administração de projetos**: transformando ideias em resultados. 2. ed. São Paulo: Atlas, 2002.

MEDEIROS, J. B. **Redação científica**: a prática de fichamentos, resumos, resenhas. 3. ed. São Paulo: Atlas, 1997.

MORIN, E. **A cabeça benfeita**: repensar a reforma, reformar o pensamento. Rio de Janeiro: Bertrand Brasil, 2006.

OLIVEIRA, D. de P. R. de. **Planejamento estratégico**. 14. ed. São Paulo: Atlas, 1999.

PAIVA, E. L.; CARVALHO JÚNIOR, J. M. de; FENSTERSEIFER, J. E. **Estratégia de produção e de operações**. Porto Alegre: Bookman, 2004.

PAXSON, D.; WOOD, D. **The Blackwell Encyclopedic Dictionary of Finance**. Oxford: Blackwell, 1998.

PEREIRA, J. C. R. **Análise de dados qualitativos**: estratégias metodológicas para as ciências da saúde, humanas e sociais. São Paulo: Edusp, 2004.

PETROBRAS. **Plano estratégico Petrobras 2020**. Disponível em: <http://www.petrobras.com.br/ri/Show.aspx?id_materia=4PG QYDVxrU544HYs+8WYHQ==>. Acesso em: 12 nov. 2010.

PICARELLI FILHO, V.; WOOD JUNIOR, T. **Remuneração estratégica**: a nova vantagem competitiva. São Paulo: Atlas, 1997.

PMI – Project Management Institute. **Project Management Body of Knowledge (PMBOK Guide®)**. Disponível em: <http://sce.uhcl.edu/B69C2DA1-9D36-4857-B69F-EA8D0DA84623/FinalDownload/Download-Id24A5E4FA3D78AD6E-85BAD9FC83D6CC02/B69C2DA1-9D36-4857-B69F-EA--8D0DA84623/boetticher/swen5230/pmbok.pdf>. Acesso em: 10 jan. 2002.

POMERANZ, L. **Elaboração e análise de projetos**. 2. ed. São Paulo: Hucitec, 1988.

RAZZOLINI FILHO, E. **Gerência de produtos para a gestão comercial**: um enfoque prático. Curitiba: Ibpex, 2010.

REZENDE, J. L. P.; OLIVEIRA, A. D. de. **Avaliação de projetos 1 e 2**. Lavras: Esal/Faepe, 1987.

RIBEIRO, M. S. **Contabilidade e meio ambiente.** 1992. Dissertação (Mestrado) – Faculdade de Economia, Administração e Contabilidade, Universidade de São Paulo, São Paulo, 1992.

ROBBINS, S. P. **Administração:** mudanças e perspectivas. São Paulo: Saraiva, 2000.

SELEME, R. B. **Diretrizes e práticas da gestão financeira e orientações tributárias.** Curitiba: Ibpex, 2010. (Série Gestão Financeira).

SILVA, M. A. F. da. **Métodos e técnicas de pesquisa.** 2 ed. Curitiba: Ibpex, 2005.

SIMONSEN, M. H.; FLANZER, H. **Elaboração e análise de projetos.** São Paulo: Sugestões Literárias, 1974.

SOUZA, A.; CLEMENTE, A. Análise econômico-financeira de projetos. In: CLEMENTE, A. (Org.). **Projetos empresariais e públicos.** São Paulo: Atlas, 1998. p. 144-180.

_____. **Decisões financeiras e análise de investimentos.** São Paulo: Atlas, 1997.

TAVARES, E. Volume de carros cresce muito mais que a população no Brasil. **Exame.com.** maio 2011. Disponível em <http://exame.abril.com.br/economia/brasil/noticias/volume-de-carros-cresce-muito-mais-que-populacao-no-brasil-inteiro>. Acesso em: 4 abr. 2011.

TAVARES, M. C. **Gestão estratégica.** São Paulo: Atlas, 2000.

THIRY-CHERQUES, H. R. **Modelagem de projetos.** São Paulo: Atlas, 2002.

VALERIANO, D. L. **Gerenciamento estratégico e administração de projetos.** São Paulo: Makron Books, 2001.

VILELLA, A. et al. **Curso de introdução à técnica de planejamento:** elaboração de projetos. Rio de Janeiro: Comissão de Planejamento da Política Agrária, 1965. 78 p. Mimeografado (Convênio MA-USAID, Subprojeto II/6, do Proj. Agr. – 512--15-150-248).

WOILER, S.; MATHIAS, W. F. **Projetos:** planejamento, elaboração e análise. São Paulo: Atlas, 1994.

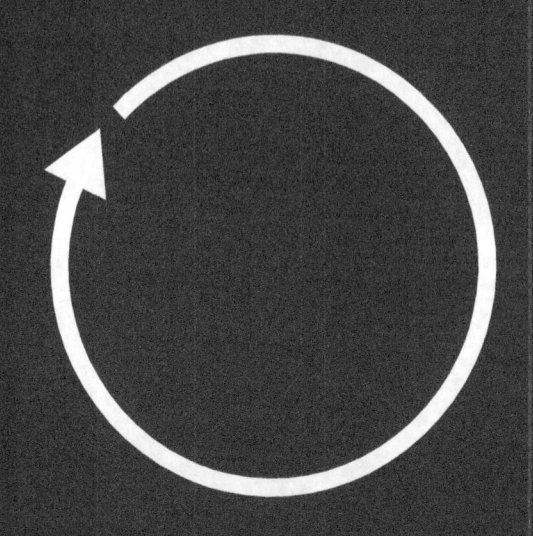

Sobre a autora

A professora e autora **Maria Alice Soares Consalter** é engenheira agrônoma, graduada em 1980 pela Fundação Faculdade de Agronomia Luiz Meneghel em Bandeirantes-PR. Após essa etapa, tem percorrido um caminho de aperfeiçoamento constante em seus estudos e prática profissional. Fez o curso de Produção Primária dos Ecossistemas Mediterrâneos em Zaragoza, Espanha, em 1986, especialização em Administração de Empresa na área de Planejamento Empresarial, mestrado na Universidade Federal do Paraná (UFPR) na área de Ciência do Solo, em 1999, e doutorado pela mesma instituição, em 2008, onde defendeu a tese *Sistemas de produção e os indicadores de sustentabilidade*.

Iniciou sua profícua carreira profissional, em 1983, na Companhia Agropecuária do Paraná em Curitiba e, em 1989, foi nomeada assessora técnica da Secretaria de Estado da Agricultura e do Abastecimento do Paraná, na qual, em 1992, assumiu o cargo de coordenadora do Programa Paraná Rural, financiado pelo Banco Mundial e considerado o maior programa de manejo e conservação de solo do Brasil. Desde 1980, exerce a função de professora, ministrando as disciplinas de Gestão Ambiental Empresarial e de Gestão e Elaboração de Projetos, tanto em nível de graduação como pós-graduação, em diversas instituições de ensino.

Ministra cursos de Gestão e Elaboração de Projetos In Company e atua como parecerista na área de projetos da Editora InterSaberes.

Os papéis utilizados neste livro, certificados por instituições ambientais competentes, são recicláveis, provenientes de fontes renováveis e, portanto, um meio sustentável e natural de informação e conhecimento.

FSC
www.fsc.org
MISTO
Papel produzido
a partir de
fontes responsáveis
FSC® C057341

Impressão: Log&Print Gráfica e Logística S.A.
Março/2020